AF545880

Nele Marike Eble

Antonia Wien

Schokolade & Drinks

EDEL KOMBINIERT

Nele Marike Eble

Antonia Wien

SCHOKOLADE & DRINKS

EDEL KOMBINIERT

südwest

Inhalt

Nele Marike Eble
GEPRÜFTE
SOMMELIÈRE

Vorwort

Liebe Leser:innen,
um es gleich vorwegzunehmen – hier geht es »hart« zur Sache. Denn neben der wunderbaren schmelzenden Protagonistin meiner täglichen Arbeit, der Schokolade, geht es um Alkohol. Ganz genau – und zwar nicht um den lieblichen, sondern schon um den richtigen Stoff, der sich als ein ganz herrlicher Begleiter erweist. Nicht nur als Liaison mit Schokolade in einer von Hand hergestellten Praline, sondern auch hier und da als Pairing im Glas.

Sofort gerate ich ins Schwärmen, auch wenn ich hier freimütig gestehe, dass ich grundsätzlich wenig Alkohol konsumiere (nun ja, im Sommer ein Gläschen Crémant Rosé darf es schon sein) und meine Familie ein wenig erstaunt war, als ich meine neue Buchidee präsentierte.

Es gab tatsächlich eine Art Erweckungserlebnis, im schönen Aqua in Wolfsburg, in dem mein Mann Lars und ich uns ein wunderbares Drei-Sterne-Menü gönnten, samt alkoholischer und alkoholfreier Weinbegleitung. Die Kombinationen, die sich an diesem Abend ergaben, haben mich fasziniert, und die Frage, inwiefern man diese schöne Erfahrung auf mein Metier »Schokolade/Pralinen« übertragen kann, hat mich seither nachhaltig beschäftigt. Und so kam ich über die Pralinenherstellung zum guten »harten« Alkohol: zu Rum, Whisky (bitte gern torfig), Gin und feinen Destillaten.

Die Aromenwelten der Komponenten überschneiden sich nämlich. Wenn man Aromenräder von Wein, Rum oder Whisky mit denen von Kakao vergleicht, entdeckt man viele Übereinstimmungen und so ergeben sich ganz viele passende Kombinationen, denen ich mit meinem zweiten Buch eine Bühne gebe.

Die Kombination Schokolade und Alkohol hat eine lange Geschichte. Unsere Generation, die unserer Eltern und Großeltern haben schon immer gern Pralinensorten wie Marc de Champagne, Rum-Nüsse, Likörkrusten-Pralinen oder (ganz edel, weil schwierig herzustellen) schokolierte Kirschen mit Kirschwasser in dunkler Schokolade genossen, und das wird auch so bleiben.

Whisky und Schokolade ergänzen sich zum Beispiel ganz hervorragend. Das beweisen nicht nur viele Pralinentheken rund um die Welt. Dass diese Kombination wirklich funktioniert, hat sich für mich praktisch bei einem Kundenprojekt bewiesen – eine Fusion aus torfig-samtigem Whisky, dunkel-feiner Vollmilchkuvertüre, einer Spur Salz – mmh ... Wir haben daraus eine Trüffelmasse hergestellt und über Nacht ruhen lassen, damit sie am Folgetag luftig aufgeschlagen werden konnte. Der Duft in der Produktion war am nächsten Morgen einfach überwältigend. Ich hatte das Gefühl, als stünde ich auf Islay in der Brennerei und dürfte meine Schokolade direkt ins Whisky-Fass tunken. Während der Herstellung dieser Whisky-Nuggets änderte sich die Aromenwelt des Trüffels stetig und wurde immer feiner. Bis heute ist diese Praline, mit der wir eine Goldmedaille gewannen, eine meiner liebsten.

Und dann überraschen mich doch so manche »Pralinen-Klischees«. Oft höre ich Aussagen wie »Ich suche etwas für meine Frau, aber bitte keine Whisky-Praline« oder »Die Sahne-Likör-Praline wird meinem Mann zu süß sein«. Ich setze in solchen Momenten dann doch höflich, aber bestimmt zum Widerspruch an. Was ist männlich? Was ist feminin? Wer schmeckt wie? Können wir das wirklich so klassifizieren und warum tun wir das? Wenn ich etwa an Whisky-Spezialisten denke, denen ich gern auf Instagram folge, so sind dies ausschließlich Frauen (sorry, guys, aber das ist so).

Mittlerweile bin ich darauf trainiert, Geschmackskombinationen, von denen ich mal gelesen, die ich geschmeckt oder gerochen habe, im Unterbewusstsein abzuspeichern. Wird dann eine Idee zu einer Spirituose gebraucht, tauchen diese Kombinationen und Ideen (fast) automatisch wieder auf und werden in Pralinen umgesetzt.

Bei einem Event sprach ich im Frühling mit einer Kollegin, die für ihre Meisterprüfung noch nach einer Formpraline zum Thema »Maßschneiderei und Herbst« suchte. Aus meiner Erinnerung hatte ich sofort einen Cognac-Schwenker im Kopf, gepaart mit Zigarrengeruch. Der Film »Die Feuerzangenbowle« lässt hier grüßen. Heinz Rühmann mit Monokel im Gesicht, Anzug, gegeltem Haar – ein klassisches Männerbild der damaligen Zeit. Der Geschmack, den ich auf meiner Zunge habe, und mein Bild zur Praline im Kopf sind aber universell. Ich weiß, dass die Kombination von Tabak, Cognac und dunkler Schokolade auch vielen Frauen gefällt, wenn die handwerkliche Umsetzung stimmt – wie immer im Leben: Quality, not quantity matters. Es wird nur dann ein »Perfect Match«, wenn sowohl die Schokolade als auch der Alkohol und alle anderen benötigten Zutaten von allerbester Herkunft sind.

Ich bleibe dabei – Geschmack ist persönlich, Gefühle sind persönlich! Ich liebe torfigen Whisky mit Wumms, mein Mann nicht. Er liebt Bier, ich nicht. Ich finde ein schönes Glas Rum großartig in Verbindung mit einem passenden Stück Schokolade. Immer schaue ich dabei aus zwei Richtungen auf diese Verbindung – aus der sinnlich-genussvollen und aus der technischen. Ich frage mich immer: Was könnte harmonieren? In diesem Fall wäre es wohl eine Vollmilchschokolade, die weniger Säure- und Röstaromen enthält. Ich mag es also in diesem Fall eher milder und wähle eine Milchschokolade mit hohem Kakaogehalt, um nicht zu viel Süße zum Rum zu bringen.

Und so freue ich mich, wenn sich meine Leser:innen mit meinem zweiten Buch so richtig austoben und nach ihrem ganz persönlichen Geschmack die Kombination finden, die sie mögen und die sie die Welt der Aromen warm und sinnlich erleben lässt. Lösen wir uns von den erlernten Stereotypen und lernen wir die offene und wunderbare Welt des Genusses ohne Barrieren kennen.

Ich wünsche Ihnen viel Vergnügen mit meiner kleinen Welt aus Schokolade & Drinks,

Ihre Nele Marike Eble

Vorworte

von Christian Bau

Die Patisserie ist eine äußerst disziplinierte Kunst – und Nele Marike Eble eine Frau, die sie souverän beherrscht. Hier geht es, stärker noch als in allen anderen Bereichen der Spitzenküche, um höchste Genauigkeit, um exakte Temperaturverläufe, um eine präzise Vorausberechnung von Textureindrücken, von der Wirkung komplexer Aromen. Wann immer ich mich mit Nele Marike Eble fachlich ausgetauscht habe, hat mich die Klarheit ihrer Gedanken und Vorstellungen (als gelernte Informatikerin!), ihre Kreativität, Experimentierfreude und ihre ausgeprägte Abneigung gegen Beliebigkeit und Standardqualität beeindruckt.

Was immer ich dann – meist nur wenige Tage später – als Probe in der Post fand, hat mich in seiner herausragenden, handwerklich hochpräzisen Umsetzung begeistert. Um es so schlicht wie deutlich zu sagen: In Deutschland halte ich Nele Marike Eble mit ihrer Manufaktur Chokumi für Maßstäbe setzend auf dem Feld der handgeschöpften Pralinen! Dazu trägt natürlich auch bei, dass wir uns in sehr grundlegenden kulinarischen Fragen einig sind, dieselbe Liebe zur französischen Klassik einerseits und zu fernöstlicher Exotik andererseits teilen – und uns immer wieder darum bemühen, beide zu einer ausgewogenen Balance oder in ein anregendes Spannungsverhältnis zu bringen.

Und noch etwas ist mir wichtig: Nele Marike Eble ist als »Selfmade-Chocolatière« und zertifizierte Schokoladen-Sommelière in meinen Augen eine wirklich vorbildliche Jungunternehmerin, extrem fleißig, ziel- und kundenorientiert, von einem ungewöhnlich hohen Dienstleistungsgedanken erfüllt. Und genau darum bin ich mir auch sicher, dass die anspruchsvollen Verbindungen zwischen Getränken und Pralinen, Schokoladen, Pâte de Fruits, Macarons und Caramels, die sie in diesem Buch vorstellt, bei Ihnen, den Leserinnen und Lesern, nie zu Langeweile oder gar Enttäuschung führen werden, sondern stets zu höchstem Genuss. Denn um den – und um nichts anderes – geht es uns, die wir das Glück haben, das Leben kulinarisch zu verschönern, schließlich.

Perl im Sommer 2023,
Christian Bau
www.christian-bau.de

von Ewald Notter

Ein beeindruckendes Werk. Erfreulich und außergewöhnlich, wie Nele mit viel Freude und Kreativität diese verführerische Genusswelt erschaffen hat. Die raffinierten Kombinationen und Rezepte von Schokolade und Drinks werden leicht Ihre Sinne betören.

»Don't worry« – die fettigen Schokoladenflecken, die von fleißigen Fingern beim Durchblättern des Buches entstehen, werden Sie zu unvergesslichen Projekten und Erlebnissen führen.

Ewald Notter
www.ewaldnotter.com

von Alexandre Bourdeaux

Ich habe Nele während meines Schokoladenseminars in Deutschland kennengelernt. Es war sofort klar, dass ich eher eine professionelle Chocolatière als eine Studentin vor mir hatte.

Wir tauschten direkt Ideen, Kenntnisse und Erfahrungen aus, und ich erkannte, dass wir die gleiche Leidenschaft für Lebensmitteltechnologie hatten. Nele verstand von Anfang an, dass es für die Weiterentwicklung ihrer Schokoladenkenntnisse äußerst wichtig ist, das Produkt durch und durch zu verstehen. Sie ist immer auf der Suche nach Neuheiten und Innovationen und will von anderen lernen – das ist das perfekte Rezept für den Erfolg.

Ich habe mich sehr gefreut, als Nele mich bat, ein Vorwort für ihr zweites Buch zu schreiben, es war mir eine große Ehre und ich habe keine Minute gezögert.

Die Welt der Schokolade ist ein erstaunlicher und riesiger Kosmos, und wie ich in meinen Kursen und Vorlesungen immer sage: Wenn wir als Fachleute in der Lage sind, nur eine Zeile, einen Satz, eine Seite oder ein Kapitel in der großen Bibel der Schokolade niederzuschreiben, können wir das mit anderen Fachleuten teilen und unsere Schokoladenwelt jeden Tag größer werden lassen.

Hier kommt das neue Schokoladenbuch von Nele, in dem sie Schokolade und Alkohol zusammenbringt – was für eine tolle Idee! Ich hoffe, dass Sie als Leser:innen Freude am neuen Buch von Nele haben werden und dass es Sie zu Ihren nächsten Kreationen inspirieren wird.

Alexandre Bourdeaux
Consultant Pastry & Chocolate
Miteigentümer der Software »Ganache Solution«
www.alexandrebourdeaux.com

I met Nele during my chocolate classes in Germany. It was evident from the beginning that I had a chef"fe" in front of me more than a student. We directly exchanged thoughts, skills, and experience and I realize we had the same passion for food technology. Nele understood from the beginning that in order to grow and develop her chocolate skill, it was extremely important to understand the product in every corner.

She's always looking for novelties, and innovation, eager to learn from others! This is the perfect recipe for success.

I was so pleased when Nele asked me to sign her second book, it was a real honour and I did not hesitate a minute.

The world of chocolate is an amazing and giant world and as I always say during my classes and lecture, if we as professionals are able to write down only a line, a phrase, a page, or a chapter in the BIG bible of chocolate, we will be able to share with other professionals and make our chocolate world grow every day.

Today, Nele proposes you a new chocolate book where she pairs chocolate and alcohol, what a great idea!! I hope you will as a reader enjoy this new book from Nele and this will inspire your next creations.

Alexandre Bourdeaux
Pastry and chocolate consultant
Co-owner of the software Ganache solution

Die Welt der Aromen – eine kleine Einführung

Ich vertrete die Auffassung, dass es nichts Persönlicheres gibt als Fühlen und Geschmack.

Was ich geschmacklich sehr gerne mag, löst vielleicht bei jemand anderem Abwehr aus. Grundsätzlich gilt: Überfordern Sie Ihren Gaumen nicht – zwei, maximal drei miteinander harmonierende Aromen sind gut. Klingt eine Kombination »fancy«, also abgefahren, irgendwie spannend und komplett neu, kann diese den Gaumen komplett überfordern und den kleinen Genussmoment, den man mit einer Praline erzeugen will, zerstören. Der Genuss stellt sich (meist) nicht ein, weil die Geschmacksrezeptoren in Stress geraten und keine differenzierte Wahrnehmung möglich ist. Weniger ist also an dieser Stelle durchaus mehr.

Ein kleines Beispiel: Weiße Spargel-Ganache mit Curry auf Aprikosengelee – das kann als Praline in weißer Schokolade funktionieren, es ist aber eher eine Eventpraline, die für einen Aha-Effekt sorgen soll. Ein Dinner in White, ein gekühltes Glas Weißwein, Chill-out-Musik, die Praline – okay, das kommt sicher gut an. Allerdings ist das nicht die klassische Umgebung für den Pralinengenuss. Dieser findet eben auch daheim auf dem Sofa statt. Die Spargel-Curry-Aprikosen-Praline wird keine Praline zum puren Genuss zu Hause zum guten Buch sein.

Daher gilt wie beim Kochen: Für ein gelungenes Food-Pairing »Schokolade und Alkoholaroma« achte ich auf folgende Rahmenbedingungen:

- Zu welchem Anlass wird die Kombination »Schokolade & Drinks« serviert?
- Welche Stimmung möchte ich erzeugen?
- Welche Jahreszeit haben wir?
- Darf die Kombination mit Alkohol sein oder doch lieber ohne?
- Wer soll die Hauptrolle spielen? Der Drink oder die Schokolade?
- Möchte ich den Drink einarbeiten oder sollen sich die beiden Komponenten begleiten?

Ideen, die man dann entwickelt, lassen sich in der Mixology (altbewährte Cocktailrezepte) und mithilfe von Websites wie foodpairing.com überprüfen.

Und worauf achte ich beim Kombinieren von Aromen? Ein kleiner Ausflug in die Aromenwelt: Neben den Grundgeschmacksarten Süß, Sauer, Salzig, Bitter und Umami (Würzig) können sich bis zu 400 Aromen in Kakao und Schokolade befinden, ähnlich wie bei Wein und Kaffee. In Schokoladen und Kuvertüren können wir, mit etwas Training, häufig folgende Aromen entdecken:

Fruchtig:
Zitrus, Grapefruit, Orange, Banane, Aprikose, Mango, Passionsfrucht, Kokos, Apfel, Kirsche, Erdbeere, Himbeere, Pflaume, Rosine, Dörrfrüchte

Melasse/dunkle Süße:
Melasse, brauner Zucker, Muscovado, Rohrzucker, Honig, Portwein, Rum, Whisky

Nussig:
Haselnuss, Mandel, Walnuss, Pistazie, Erdnuss

Geröstet:
Geröstete Nüsse, geröstetes Brot, Kaffee, Rauch, verbrannter Zucker

Erdig:
Erde, Moos, mineralisch, Holz, Leder, Pilze

Schokoladig:
Kakaonibs, Kakaopulver, Brownie

Milchig:
Milch, Butter, Sahne, Karamell

Würzig:
Pfeffer, Kardamom, Ingwer, Muskat, Süßholz

Herbal:
Olive, Tabak, schwarzer Tee, grüner Tee, Hopfen, Heu

Floral:
Lemongrass, Lavendel, Rose, Orangenblüten, Jasmin, Vanille

Texturen können diese Aromen verstärken oder auch abschwächen. Texturen können sein: hart, glatt, buttrig, rau, weich, körnig, grob, crunchy.

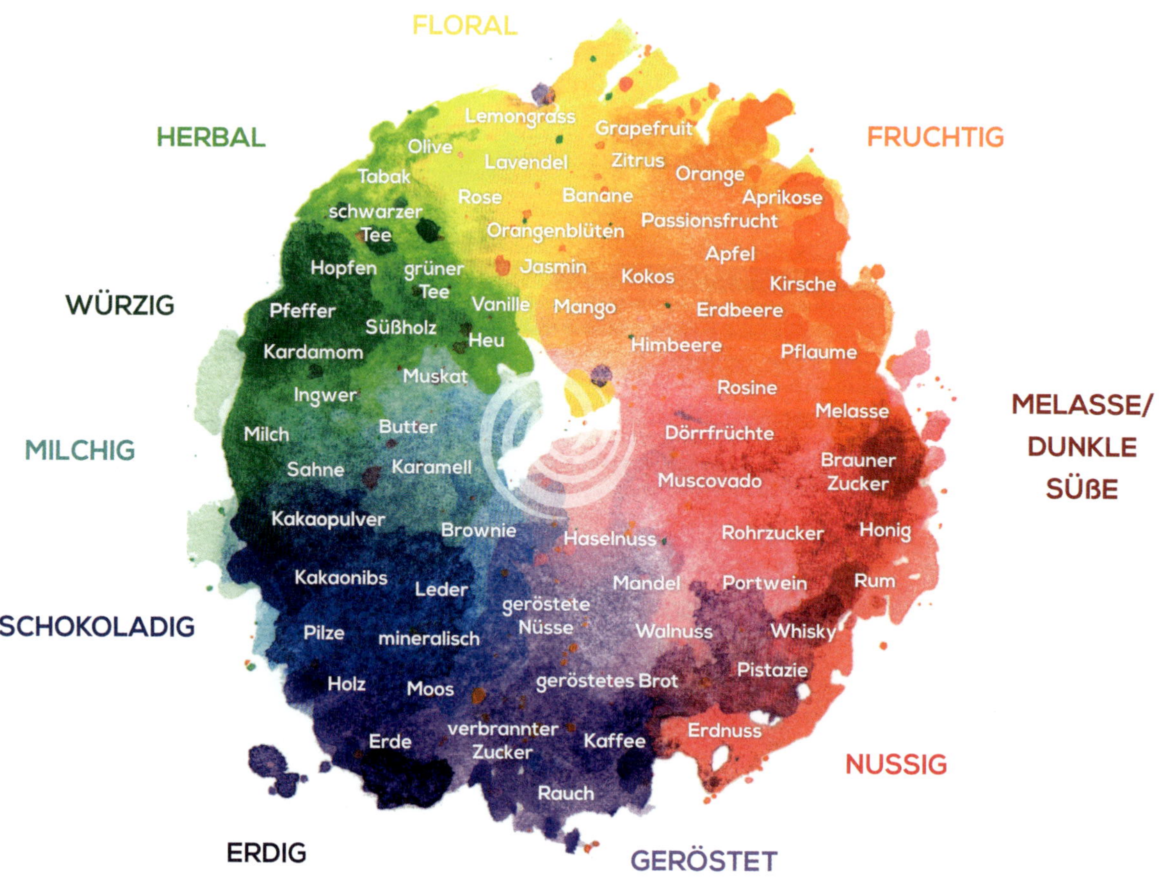

Lauter »Perfect Matches«

Auch wenn ich gern rate, mutig zu sein und den eigenen individuellen Präferenzen zu folgen, so gibt es doch ein paar spannende Pairing-Tipps im Bereich Schokolade und Alkoholika, die einfach passen und garantiert funktionieren. Auf der Basis dieser »Perfect Matches« – wie ich sie immer gern nenne – funktionieren meine Rezepte und ergeben ein aromatisch stimmiges Sinneserlebnis, das alle Komponenten miteinander verbindet und doch jede in ihrem einzigartigen Geschmack bewahrt.

Schokolade & Wein:

- Weißwein und Roséwein: weiße Schokolade (gerne aromatisiert mit Früchten und Kräutern), milde Vollmilchschokolade mit Salz, Ruby-Schokolade, helle Karamellschokolade

- Rotwein: dunkle Vollmilchschokolade und dunkle Schokolade mit hohem Kakaoanteil (gerne aromatisiert mit Früchten)

- Schaumweine: weiße Schokolade, Ruby-Schokolade, milde Vollmilchschokolade, helle Karamellschokolade

Schokolade & Spirituosen:

- Rum: Vollmilchschokolade, dunkle Vollmilchschokolade und dunkle Schokolade

- Whisky: Vollmilchschokolade, dunkle Vollmilchschokolade und dunkle Schokolade

- Gin: weiße Schokolade, Ruby-Schokolade, helle Karamellschokolade

Hinweis:
Ich persönlich bevorzuge schokoladige Noten zu Whisky und Rum. Eine Kombination mit weißer Schokolade kann aber auch sehr spannend sein, wenn Sie weiße Schokolade mögen. Ich gebe Ihnen hier meine Erfahrungen mit »Gelingsicherheit« wieder.

Anhand der genannten Aromen können wir viele schöne Kombinationen zum Thema »Schokolade & Drinks« entdecken und unserer Fantasie freien Lauf lassen. Da sind zum Beispiel:

Zitrone + Litschi (hier Kakaofrucht) + Whisky = Pâte de Fruits »Whisky Sour« (siehe Seite 38)

Rauch + Karamell + Kakaopulver = Bowmore-Chocolate-Caramel (siehe Seite 47)

nussig + geröstet + Rum + schokoladig = Praline »Popcorn-Rum-Ganache auf Popcorn-Nougat« (siehe Seite 30)

grüner Tee + Zitrusfrüchte (zum Beispiel Mandarine) = Gin-Matcha-Praline mit Yukon-Mandarinen (siehe Seite 55)

Eine für mich besondere Zutat, die sich sehr gut in Drinks und in Pâte de Fruits macht, ist Kakaofruchtsaft. Die Kakaofrucht enthält neben den Kakaobohnen auch Fruchtfleisch. Sollten Sie noch nicht in den Genuss gekommen sein, dieses Fruchtfleisch zu probieren, stellen Sie sich bitte eine frische Litschi vor. Dieses honig-frische, leicht säuerliche Fruchtfleisch, das sich um den Kern schließt, lässt sich sehr gut mit Kakaofruchtfleisch vergleichen. Der aus dem Kakaofruchtfleisch gewonnene Saft ist immer häufiger in Läden und Onlineshops zu finden und eröffnet der sinnlichen Verbindung aus Drinks & Schokolade ein noch größeres Spektrum.

Rum

Rum

Wenn ich an Rum denke, dann denke ich zuerst an diese Farbe im Glas – ein Bronze-Gold, das so schön schimmert, und dann an die Viskosität, wenn sich die Flüssigkeit langsam am Rand verteilt. Das ist sehr ästhetisch und dabei setzen sich all die herrlichen Aromen frei. Das ist ganz ähnlich wie beim Entdecken der Aromen einer guten Bean-to-bar-Schokolade, wenn die Grundgeschmacksarten im Vordergrund stehen und man erst, wenn sich die Nase öffnet, alle Aromen retronasal wahrnimmt. Das ist schon wie ein kleines Erweckungserlebnis und macht viel Spaß. Beim Verkosten von Rum kann ich Aromen wie Vanille oder Rosinen wahrnehmen, dadurch habe ich schon die richtigen geschmacklichen Matches gefunden. Und daraus ergibt sich für mich eine große aromatische Harmonie.

Ron
Zacapa
Centenario
SISTEMA
23
SOLERA
SOLERA
GRAN RESERVA
FROM VIRGIN SUGAR CANE HONEY
AGED AT A HIGH ALTITUDE IN OAK BARRELS

Chocolate Old Fashioned

Pralinen / mit Alkohol

●●○○○

ZUTATEN FÜR 2 Pralinenformen à 24 Pralinen:

Pralinenhülle:

500 g dunkle Vollmilchkuvertüre (51 %)
200 g dunkle Kuvertüre (74 %)

Ganache:

130 g dunkle Vollmilchkuvertüre (51 %)
60 g Sahne
15 g Kakaofruchtsirup
25 g Glukosesirup
20 g Invertzucker
10 g Butter
Grapefruit-Zesten von ¼ Grapefruit
45 g Ron Zacapa Centenario 23 Jahre

Benötigte Utensilien:

Thermometer
Pürierstab
Einwegspritzbeutel

Haltbarkeit bei kühler Lagerung (12 bis 18 °C):

ca. 6 Wochen

ZUBEREITUNG:

1 Pralinenformen vorbereiten (siehe Seite 161 f.).

2 Für die Ganache die Kuvertüre über dem Wasserbad bei 45–50 °C vorsichtig schmelzen, in einen Messbecher geben und bereitstellen.

3 Sahne zusammen mit dem Kakaofruchtsirup, den Zuckerarten, der Butter und den Grapefruit-Zesten vorsichtig auf 40–45 °C erwärmen, bis die Butter geschmolzen ist.

4 Die warme Sahne zur geschmolzenen Kuvertüre geben und mit dem Pürierstab blasenfrei homogenisieren. Den Rum hinzugeben und blasenfrei untermixen.

5 Die fertige Old-Fashioned-Ganache auf 32 °C abkühlen lassen und in einen Einwegspritzbeutel füllen.

FERTIGSTELLUNG:

Die bereitstehenden Pralinenformen mithilfe des Spritzbeutels mit der Rum-Ganache bis circa 1 mm unter dem Pralinenrand füllen. Die Ganache über Nacht abgedeckt bei Zimmertemperatur auskristallisieren lassen.

Die Pralinen am Folgetag mit temperierter dunkler Kuvertüre (74 %) verschließen, 30 Minuten ruhen lassen und dann aus den Formen befreien.

Mein Tipp

Ergänzen Sie diese Praline durch ein wenig Grapefruit-Gelee und genießen Sie so eine fruchtig-aromatische Rumpraline.

Mein Genussmoment

Ein guter Krimi, ein Glas Ron Zacapa Centenario 23 Jahre, stürmisches Wetter, ein gemütlicher Platz im Ferienhaus direkt am Fenster und ab und an diese Praline, und ich bin rundum zufrieden mit mir und der Welt.

Mein Tipp

Wenn Sie es etwas sommerlicher mögen, verwenden Sie gerne statt dunkler Kuvertüre eine gute weiße Kuvertüre als Pralinenhülle und genießen Sie die Praline leicht gekühlt.

Mojito Reloaded

Pralinen / mit Alkohol

ZUTATEN FÜR 3 Pralinenformen à 24 Pralinen:

Pralinenhülle:
500 g dunkle Kuvertüre (74 %)

Fruchtgelee:
250 g Limettenpüree
10 g frische Minze, fein gehackt
2 g Pectine Jaune
20 g Zucker (I)
210 g Zucker (II)
35 g Glukosesirup
3 g Weinsäurelösung (Wasser : Weinsäure im Verhältnis 1 : 1)
50 g Bacardi Rum

Ganache:
130 g weiße Kuvertüre (28 %)
80 g Sahne plus ein wenig mehr zum Auffüllen
5 g frische Minzeblätter, grob gehackt
25 g Glukosesirup
20 g Invertzucker
10 g Butter
35 g weißer Bacardi Rum

Benötigte Utensilien:
Thermometer
Pürierstab
Digitales Einstichthermometer
Löffelwaage
Einwegspritzbeutel

Haltbarkeit bei kühler Lagerung (12 bis 18 °C):
ca. 6 Wochen

ZUBEREITUNG

1 Pralinenformen vorbereiten (siehe Seite 161 f.).

2 Das Fruchtgelee ohne Rum nach Anleitung kochen (siehe Seite 168)..

3 Das fertige Fruchtgelee abkühlen lassen, Rum hinzugeben und mit dem Pürierstab glatt mixen, um ein spritzfähiges Gelee zu erhalten.

4 Das fertige Gelee in einen Einwegspritzbeutel füllen und bereitlegen.

5 Kuvertüre über dem Wasserbad bei 45–50 °C vorsichtig schmelzen, in einen Messbecher geben und bereitstellen.

6 Sahne zusammen mit der Minze erwärmen und 10 Minuten abgedeckt ziehen lassen.

7 Minze aus der Sahne entfernen, die Sahne auf die benötigte Menge auffüllen und mit den Zuckerarten und der Butter vorsichtig auf 40–45 °C erwärmen, bis die Butter geschmolzen ist.

8 Die warme Sahne zur geschmolzenen Kuvertüre geben und mit dem Pürierstab blasenfrei homogenisieren. Den Rum hinzugeben und blasenfrei untermixen.

9 Die fertige Rum-Ganache auf 32 °C abkühlen lassen und in einen Einwegspritzbeutel füllen.

FERTIGSTELLUNG

Die bereitstehenden Pralinenformen zu einem Drittel der Füllhöhe mit dem Limetten-Minz-Gelee füllen. Anschließend die Pralinenformen mit der Rum-Ganache bis circa 1 mm unter dem Rand füllen. Die Ganache über Nacht abgedeckt bei Zimmertemperatur auskristallisieren lassen.

Die Pralinen am Folgetag mit temperierter dunkler Kuvertüre (74 %) verschließen, 30 Minuten ruhen lassen, dann aus den Formen befreien.

Piña-colada-Trüffel

Pralinen / mit Alkohol

ZUTATEN FÜR
63 Trüffelkugeln:

Pralinenhülle:
1 Lage weiße Trüffel-Hohlkugeln (63 Stück)
250 g weiße Kuvertüre (34 %)
Kokosflocken, fein geraspelt

Fruchtgelee:
200 g Ananaspüree
50 g Limettenpüree
2 g Pectine Jaune
20 g Zucker (I)
210 g Zucker (II)
35 g Glukosesirup
3 g Weinsäurelösung (Wasser und Weinsäure im Verhältnis 1 : 1)
50 g weißer Bacardi Rum
90 g weiße Kuvertüre (34 %)

Ganache:
80 g Kokospüree
20 g Glukosesirup
20 g Invertzucker
100 g weiße Kuvertüre (34 %)
20 g Kakaobutter
15 g Kokosfett
20 g weißer Bacardi Rum
90 g weiße Kuvertüre (34 %)

Benötigte Utensilien:
Pürierstab
Thermometer
Digitales Einstichthermometer
Löffelwaage
2 Einwegspritzbeutel

Haltbarkeit bei kühler Lagerung (12 bis 18 °C):
ca. 6 Wochen

ZUBEREITUNG

1 Das Fruchtgelee ohne Bacardi nach Anleitung kochen (siehe Seite 168).

2 Das fertige Fruchtgelee abkühlen lassen, Rum hinzugeben und mit dem Pürierstab glatt mixen, um ein spritzfähiges Gelee zu erhalten.

3 Das fertige Gelee in einen Einwegspritzbeutel füllen und bereitlegen.

4 Für die Kokos-Ganache das Kokospüree zusammen mit den Zuckerarten aufkochen.

5 Die weiße Kuvertüre zusammen mit der Kakaobutter in einen Messbecher füllen.

6 Das heiße Kokospüree zur Kuvertüre geben und mit dem Pürierstab blasenfrei homogenisieren. Das Kokosfett und den Rum hinzugeben und blasenfrei untermixen.

7 Die fertige Kokosganache auf 32 °C abkühlen lassen und in einen Einwegspritzbeutel füllen.

FERTIGSTELLUNG

Die weißen Trüffel-Hohlkugeln zu einem Drittel mit dem Ananasgelee füllen. Anschließend die Hohlkugeln bis zum Rand mit der Kokos-Ganache füllen. Die Ganache über Nacht abgedeckt bei Zimmertemperatur auskristallisieren lassen.

Die fast fertigen Trüffel am Folgetag mit einem Klecks temperierter weißer Kuvertüre verschließen, mit weißer Kuvertüre überziehen und in den fein geraspelten Kokosflocken wälzen.

Mein Genussmoment

Gekühlt als Dekor für eine klassische Piña colada zusammen mit frischer Ananas aufgespießt lässt sich dieser Trüffel besonders gut in Szene setzen. So können sommerliche Cocktailabende mit Freunden wunderbar starten.

Virgin Kakaofrucht-Mojito

Drink / vegan / alkoholfrei

●○○○○

ZUTATEN FÜR 4 Longdrink-Gläser:

12 frische Minzeblätter
Eiswürfel
400 g Kakaofruchtpüree
100 ml Wasser
Saft von ½ Zitrone
12 cl Polly Caribbean Classic (alkoholfreie weiße Rum-Alternative)
Sodawasser

Benötigte Utensilien:
4 Longdrink-Gläser
Barstößel
Rührlöffel

ZUBEREITUNG

1 Je 2 Minzeblätter in jedes Glas geben und mit dem Barstößel leicht andrücken.

2 Gläser zur Hälfte mit Eiswürfeln befüllen.

3 Kakaofruchtpüree mit dem Wasser vermischen und zu gleichen Teilen auf die Gläser verteilen.

4 Den Zitronensaft auf die Gläser verteilen.

5 Je 3 cl Polly Caribbean Classic in jedes Glas geben, mit dem Rührlöffel einmal durchrühren und mit Soda auffüllen.

6 Die Gläser mit je 1 Minzeblatt garniert servieren.

Mein Tipp

Sollten Sie aktuell kein Kakaofruchtpüree bekommen, eignet sich auch sehr gut Litschisaft als Ersatz. Und möchten Sie Ihren Kakaofrucht-Mojito mit Alkohol genießen, nehmen Sie doch einfach weißen Bacardi.

Mein Genussmoment

Eindeutig ein sehr leckerer und erfrischender Sundowner zum Feierabend auf dem Balkon.

Movie Bar

Pralinen / mit Alkohol

ZUTATEN FÜR 2 Schokoriegelformen à 8 Riegel:

Riegelhülle:
500 g dunkle Vollmilchkuvertüre (55 %)

Ganache:
130 g Vollmilchkuvertüre (35 %)
80 g Sahne plus ein wenig mehr zum Auffüllen
30 g Popcorn
25 g Glukosesirup
20 g Invertzucker
10 g Butter
35 g Popcorn-Rum

Popcorn-Nougat:
geröstete Haselnüsse
karamellisiertes Popcorn
dunkle Vollmilchkuvertüre (55 %), temperiert

Benötigte Utensilien:
Pürierstab
Thermometer
Sieb
2 Einwegspritzbeutel

Haltbarkeit bei kühler Lagerung (12 bis 18 °C):
ca. 6 Wochen

ZUBEREITUNG

1 Pralinenformen vorbereiten (siehe Seite 161 f.).

2 Für die Ganache die Kuvertüre über dem Wasserbad bei 45–50 °C vorsichtig schmelzen, in einen Messbecher geben und bereitstellen.

3 Sahne zusammen mit dem Popcorn erwärmen und 20 Minuten abgedeckt ziehen lassen.

4 Die Sahne pürieren, durch ein Sieb pressen, auf die benötigte Menge auffüllen und mit den Zuckerarten und der Butter vorsichtig auf 40–45 °C erwärmen, bis die Butter geschmolzen ist.

5 Die warme Sahne zur geschmolzenen Kuvertüre geben und mit dem Pürierstab blasenfrei homogenisieren. Den Rum hinzugeben und blasenfrei untermixen.

6 Die fertige Rum-Ganache auf 32 °C abkühlen lassen und in einen Einwegspritzbeutel füllen.

7 Die bereitstehenden Riegelformen zu zwei Drittel mit der Rum-Ganache füllen und 1 Stunde ruhen lassen.

8 Die gerösteten Haselnüsse zusammen mit dem Popcorn in der Küchenmaschine zu einem feinen Mus verarbeiten.

9 Das Mus auf 30 °C abkühlen lassen, mit der temperierten Kuvertüre vermengen und das fertige Nougat in einen Einwegspritzbeutel füllen.

FERTIGSTELLUNG

Das Nougat bis circa 1 mm unter den Rand auf die Rum-Ganache in die Riegelformen füllen. Die Riegelformen für 10–15 Minuten in den Kühlschrank legen, bis das Nougat fest ist.

Die fertigen Riegel kurz ruhen lassen und mit temperierter dunkler Vollmilchkuvertüre verschließen. Die Riegel circa 30 Minuten ruhen lassen und dann aus den Formen befreien.

Mein Tipp

Rosinen zu schokolieren benötigt Zeit und Geduld. Geben Sie stets nur kleine Mengen Kuvertüre zu den Rosinen und rühren Sie diese gut unter. Mit einer größeren Menge Kuvertüre ginge es zwar vermeintlich schneller, allerdings ist die Gefahr groß, dass die Rosinen miteinander verkleben und einen Klumpen bilden.

Schokolierte Rum-Rosinen

Dragees / mit Alkohol

●●●●●

ZUTATEN FÜR
ca. 800 g Rum-Rosinen:

400 g kleine Rosinen
150 g Don Papa Rum
etwas Kakaopulver
400 g Vollmilchkuvertüre (44 %)

Benötigte Utensilien:
2 Schüsseln
Rührlöffel
Esslöffel
Sieb

Haltbarkeit bei kühler Lagerung (12 bis 18 °C):
ca. 4–6 Wochen

ZUBEREITUNG

1 Die Rosinen abgedeckt im Rum mindestens 24 Stunden ziehen lassen.

2 Die Rosinen durch ein Sieb geben und ordentlich abtropfen lassen. Den Rum dabei auffangen und für eine weitere Verwendung, zum Beispiel zum Backen, aufbewahren.

3 Die Rosinen auf Backpapier ausgebreitet gut trocknen lassen. Dies kann bis zu zwei Tage dauern.

4 Die getrockneten Rosinen in etwas Kakaopulver wenden, gründlich absieben und in eine runde Schüssel geben.

5 Die Kuvertüre in einer zweiten Schüssel vorsichtig über dem Wasserbad bei 40–45 °C schmelzen und von der Hitzequelle nehmen.

6 1 EL geschmolzene Kuvertüre zu den Rosinen geben und mithilfe des Rührlöffels so lange vorsichtig rühren, bis die Kuvertüre um die Rosinen verteilt ist.

7 Die Rosinen kurz in den Kühlschrank geben, bis die Kuvertüre fest ist.

8 Die Schritte 6 und 7 so lange wiederholen, bis die Kuvertüre aufgebraucht ist.

9 Die schokolierten Rum-Rosinen auf Backpapier ausbreiten und über Nacht ruhen lassen.

10 Die schokolierten Rum-Rosinen mit Kakaopulver bestäuben und in einem luftdichten Gefäß aufbewahren.

Whisky

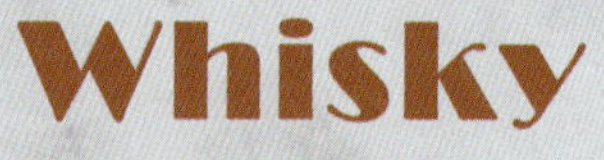

WHISKY SOUR PÂTE DE FRUITS

BOWMORE 12 JAHRE

GLENMORANGIE & VANILLE

HOT CHOCOLATE +

BOWMORE CHOCOLATE CARAMEL

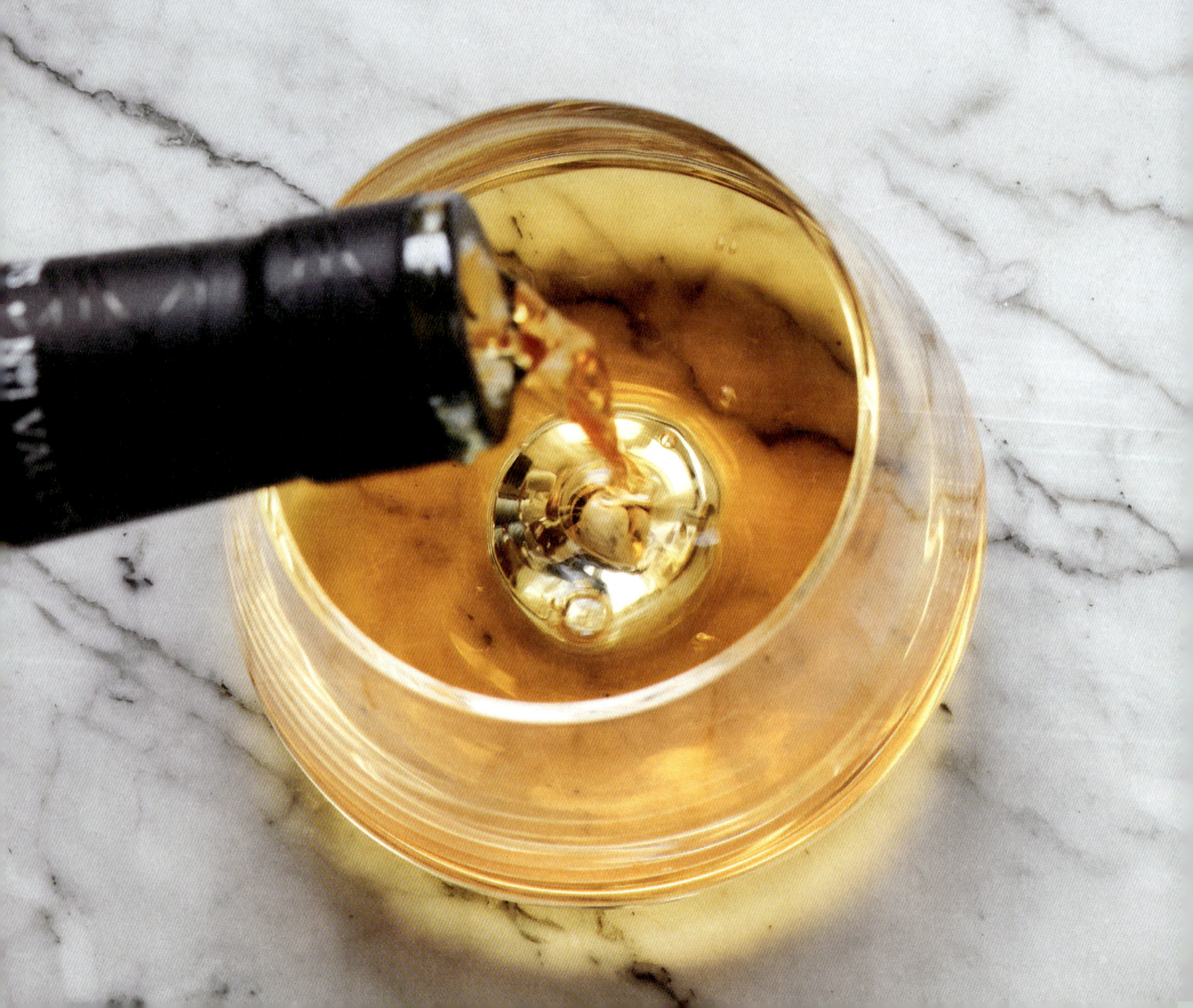

Whisky

Bei Whisky muss ich einfach immer an meine Lieblingsschokolade denken. Es gibt von Goodnow Farms eine Tafelschokolade, für die in Bourbon eingelegte Kakaobohnen verwendet werden. Nach dem Trocknen gehen die Bohnen in die Verarbeitung. Wenn man sich ein Stück auf die Zunge legt, findet ein so spannendes Aromenspiel statt, das sich immer wieder verändert. Deshalb passen Bourbon und Schokolade so gut zusammen. Aber auch die roughen irischen/schottischen Whiskys mit viel Torf sind für mich passend, weil gerade das Rauchige besonders gut zu dunkler Schokolade passt. Wirkt im ersten Moment vielleicht sehr komplex und hart, aber doch interessanterweise schlüssig und vor allem sehr, sehr lecker.

BOWMORE
ISLAY SINGLE MALT SCOTCH WHISKY
AGED 12 YEARS
Our SIGNATURE distillery STYLE of peat smoke, citrus and vanilla PERFECTLY BALANCED at
TWELVE YEARS OLD
TODAY as it was THEN
EST. 1779
PRODUCT OF SCOTLAND
DISTILLED & BOTTLED IN SCOTLAND BOWMORE DISTILLERY, BOWMORE, ISLAY, PA43 7JS
700 ml. e
alc. 40% vol.

ELIJAH CRAIG®
Small Batch
1789
KENTUCKY STRAIGHT BOURBON WHISKEY
FATHER of BOURBON
FIRST to CHAR OAK BARRELS
94 PROOF
MADE IN TRUE SMALL BATCHES for BALANCE & SMOOTHNESS
47% ALC / VOL

BOWMORE
EST. 1779
ISLAY SINGLE MALT SCOTCH WHISKY
AGED 12 YEARS
Our SIGNATURE distillery STYLE of peat smoke, citrus and vanilla PERFECTLY BALANCED at
TWELVE YEARS OLD
700 ml e
alc. 40% vol.
DISTILLED & BOTTLED IN SCOTLAND

Whisky Sour Pâte de Fruits

Pâte de Fruits / vegan / mit Alkohol

●●○○○

ZUTATEN FÜR ca. 100 Stück:

200 g Zucker (I)
20 g Pectine Jaune
475 g Zucker (II)
40 g Dextrose
280 g Zitronenpüree
100 g Kakaofruchtsirup
200 g Bourbon Whiskey Elijah Craig Small Batch
8 g Zitronensäurelösung (Zitronensäure : Wasser im Verhältnis 1 : 1)
Feinzucker zum Bestreuen und Wälzen

Benötigte Utensilien:

Gießrahmen (Innenmaß: 30 × 30 cm)
Backmatte oder Backpapier
Einstichthermometer
Löffelwaage
Schneebesen

Haltbarkeit bei kühler Lagerung (12 bis 18 °C):

ca. 16 Wochen

ZUBEREITUNG

1 Den Gießrahmen zusammensetzen und auf einer Backmatte bereitstellen.

2 Zucker (I) mit Pectine Jaune vermischen und bereitstellen.

3 Zucker (II) und Dextrose miteinander vermischen und bereitstellen.

4 Zitronenpüree, Kakaofruchtsirup und Bourbon Whiskey in einen hohen Topf geben und erwärmen.

5 Die Zucker-Pektin-Mischung bei circa 40 °C mit dem Schneebesen klümpchenfrei einrühren und aufkochen lassen.

6 Die Hälfte der Zucker-Dextrose-Mischung in das kochende Fruchtpüree rühren, kurz aufkochen und dann die zweite Hälfte einrühren.

7 Das Fruchtpüree auf 106 °C hochkochen, von der Hitzequelle nehmen, die Zitronensäure einrühren und das Gelee sofort in den vorbereiteten Rahmen gießen.

8 Das Gelee etwas abkühlen lassen, die Oberfläche mit Zucker bestreuen und mindestens 2 Stunden fest werden lassen.

FERTIGSTELLUNG

Das fertige Pâte de Fruits vom Rahmen befreien, in 3 × 3 cm große Quadrate schneiden und in Zucker wälzen.

Die Whiskey-Sour-Würfel auf einen Backofenrost über Nacht zum Trocknen legen und luftdicht aufbewahren.

Mein Tipp

PDF, also Pâte de Fruits, muss schnell auf 106 °C gekocht werden. Hierzu empfiehlt es sich, einen großen Topf mit breitem Boden zu nehmen. Wird das PDF langsam gekocht, kann sich Invertzucker bilden, das Gelee fängt an klebrig zu »schwitzen«, statt trocken zu sein, und ist damit weniger lang haltbar.

Bowmore 12 Jahre

Pralinen / mit Alkohol

●●○○○

ZUTATEN FÜR 2 Pralinenformen à 24 Stück

Pralinenhülle:
500 g dunkle Kuvertüre (64 %)

Ganache:
120 g Vollmilchkuvertüre (44 %)
30 g dunkle Kuvertüre (64 %)
50 g Sahne
20 g Glukosesirup
15 g Invertzucker
15 g Butter
40 g Bowmore 12 Jahre

Benötigte Utensilien:
Thermometer
Pürierstab
Einwegspritzbeutel

Haltbarkeit bei kühler Lagerung (12 bis 18 °C):
ca. 8–10 Wochen

ZUBEREITUNG

1 Pralinenformen vorbereiten (siehe Seite 161 f.).

2 Kuvertüren zusammen über dem Wasserbad bei 45–50 °C vorsichtig schmelzen, in einen Messbecher geben und bereitstellen.

3 Sahne zusammen mit den Zuckerarten und der Butter vorsichtig auf 40–45 °C erwärmen, bis die Butter geschmolzen ist.

4 Die warme Sahne zur geschmolzenen Kuvertüre geben und mit dem Pürierstab blasenfrei homogenisieren. Den Whisky hinzugeben und blasenfrei untermixen.

5 Die fertige Whisky-Ganache auf 32 °C abkühlen lassen und in einen Einwegspritzbeutel füllen.

FERTIGSTELLUNG

Die vorbereiteten Pralinenformen mithilfe des Spritzbeutels bis 1 mm unter den Pralinenrand füllen. Die Ganache über Nacht abgedeckt bei Zimmertemperatur auskristallisieren lassen.

Die Pralinen am Folgetag mit temperierter dunkler Kuvertüre (64 %) verschließen, 30 Minuten ruhen lassen und aus den Formen befreien.

Mein Tipp

Aufgrund der torfig-rauchigen Aromen diese Praline bitte separat in einer luftdichten Schachtel lagern.

Mein Genussmoment

Diese Praline eignet sich gut als Abschluss eines herbstlichen Menüs mit kräftigen Aromen und unterschiedlichen Texturen. Mit einem guten Tropfen im Tumbler rundet diese Praline den Abend perfekt ab.

Glenmorangie & Vanille

Pralinen / mit Alkohol

●●○○○

ZUTATEN FÜR
2 Pralinenformen à 24 Stück

Pralinenhülle:
500 g Vollmilchkuvertüre (55 %)

Ganache:
170 g Sahne
Mark von ½ Vanilleschote
140 g Zucker
95 g Glukosesirup
40 g Wasser
105 g Butter
30 g Vollmilchkuvertüre (55 %)
60 g Glenmorangie 10 Jahre

Benötigte Utensilien:
Pürierstab
Einwegspritzbeutel
Einstichthermometer

Haltbarkeit bei kühler Lagerung (12 bis 18 °C):
ca. 8–10 Wochen

ZUBEREITUNG

1 Pralinenformen vorbereiten (siehe Seite 161 f.).

2 Sahne zusammen mit dem Vanillemark in einem Topf erhitzen und zugedeckt heiß bereitstellen.

3 Zucker, Glukosesirup und Wasser in einem zweiten Topf bernsteinfarben karamellisieren lassen. Dabei nicht rühren, um Klümpchenbildung zu vermeiden.

4 Das Karamell von der Hitzequelle nehmen, die heiße Sahne zum Karamell gießen und gründlich einrühren.

5 Butter einrühren und das Karamell auf 108 °C aufkochen. Dabei gut rühren, damit das cremige Karamell nicht anbrennt.

6 Das fertige Karamell von der Hitzequelle nehmen, die Vollmilchkuvertüre und den Whisky einrühren und mit dem Pürierstab blasenfrei emulgieren.

7 Die fertige Whisky-Ganache auf 32 °C abkühlen lassen und in einen Einwegspritzbeutel füllen.

FERTIGSTELLUNG

Die vorbereiteten Pralinenformen mithilfe des Spritzbeutels bis 1 mm unter den Pralinenrand füllen. Die Ganache über Nacht abgedeckt bei Zimmertemperatur auskristallisieren lassen.

Die Pralinen am Folgetag mit temperierter Vollmilchkuvertüre verschließen, 30 Minuten ruhen lassen und dann aus den Formen befreien.

Hot Chocolate +

Drink / mit Alkohol
●○○○○

ZUTATEN FÜR 2 Gläser

Trinkschokolade:
50 g Glenmorangie 10 Jahre
100 g dunkle Kuvertüre (60 %)
75 g Sahne
75 g Milch
2 TL Muscovado-Zucker

Dekoration:
etwas Milch für Milchschaum (optional) oder etwas leicht aufgeschlagene Sahne (optional)
Orangenzeste

Benötigte Utensilien:
Schneebesen

ZUBEREITUNG

1 Glenmorangie, Kuvertüre, Sahne, Milch und Zucker in einen Topf geben und unter stetigem Rühren langsam erhitzen.

2 Die heiße Trinkschokolade so lange rühren, bis sich die Kuvertüre komplett aufgelöst hat. Nicht aufkochen.

FERTIGSTELLUNG

Die heiße Trinkschokolade in 2 bereitstehende Gläser füllen. Mit etwas Milchschaum oder leicht aufgeschlagener Sahne sowie mit 1 Orangenzeste dekorieren und servieren.

Mein Genussmoment

Perfekt nach einem langen Winterspaziergang zum Aufwärmen.

Bowmore Chocolate Caramel

Caramel / mit Alkohol

ZUTATEN FÜR 100 Stück

725 g Zucker
75 g Glukosesirup
150 g Wasser
250 g Sahne
170 g Bowmore 12 Jahre
310 g Butter
1 g Backpulver
1 g Salz
310 g dunkle Kuvertüre (60 %)

Benötigte Utensilien:
Gießrahmen (Innenmaß: 30 × 30 cm)
Backmatte oder Backpapier
Einstichthermometer
Löffelwaage
Schneebesen

Haltbarkeit bei kühler Lagerung (12 bis 18 °C):
ca. 12–16 Wochen

ZUBEREITUNG

1 Den Gießrahmen zusammensetzen und auf einer Backmatte bereitstellen.

2 Zucker, Glukosesirup und Wasser in einen großen Topf geben und auf 145 °C aufkochen.

3 Parallel Sahne, Whisky, Butter, Backpulver und Salz in einem zweiten Topf aufkochen und abgedeckt heiß bereitstellen.

4 Sobald die Zuckermischung 145 °C erreicht hat, die heiße Sahne langsam zum Zucker geben, dabei durchgängig rühren.

5 Die Kuvertüre hinzugeben und gründlich unterrühren.

6 Das Bowmore-Karamell unter ständigem Rühren auf 118 °C aufkochen.

7 Sobald 118 °C erreicht sind, das Karamell sofort in den bereitstehenden Rahmen gießen und auf Raumtemperatur abkühlen lassen.

FERTIGSTELLUNG

Das fertige Karamell aus dem Rahmen befreien und in 3 × 3 cm große Quadrate oder Rechtecke schneiden. Die Karamellstücke einzeln in Zellophanpapier einwickeln und kühl und trocken lagern.

Mein Tipp

Das Bowmore-Chocolate-Caramel lässt sich einfacher mit einem dünnen, scharfen Messer schneiden. Hier kann man die Klinge ganz leicht einölen oder mit Back-Trennspray einsprühen.

Gin

Gin

Gin wird aufgrund seines Herstellungsprozesses sehr durch die floralen Noten, aber auch durch Zitrusaroma und Gewürze geprägt, also durch die Botanicals, die für den Brennprozess genutzt werden. Genau diese Komponenten kann man aber eben auch hervorragend für die Pralinenherstellung verwenden. Schokolade mit Wacholder funktioniert sehr gut. Gewürze und Kräuter sowieso. Ich liebe Gin aber besonders in Verbindung mit weißer Schokolade, da Vollmilch- und Dunkelschokoladen den doch recht zarten Gin zu stark dominieren können.

KNUT HANSEN
ALKOHOLFREI
0,0
FEVER-TREE
MEDITERRANEAN
TONIC
WATER
MIT NATÜRLICHEN AROMEN UND
FLORALEN BOTANICALS
SPRITZIG & MEDITERRAN
ORIGINAL
REZEPTUR

Yuzu Gin Pâte de Fruits

Pâte de Fruits / vegan / mit Alkohol

●●○○○

ZUTATEN FÜR 100 Stück

200 g Zucker (I)
18 g Pectine Jaune
475 g Zucker (II)
40 g Dextrose
380 g Yuzupüree
8 g Zitronensäurelösung (Zitronensäure : Wasser im Verhältnis 1 : 1)
200 g Yuzilla Gin
50 g Kakaonibs
Feinzucker zum Bestreuen und Wälzen

Benötigte Utensilien:
Gießrahmen (Innenmaß: 30 × 30 cm)
Backmatte oder Backpapier
Einstichthermometer
Schneebesen
Löffelwaage

Haltbarkeit bei kühler Lagerung (12 bis 18 °C):
ca. 16 Wochen

ZUBEREITUNG

1 Den Gießrahmen zusammensetzen und auf einer Backmatte bereitstellen.

2 Zucker (I) mit Pectine Jaune vermischen und bereitstellen.

3 Zucker (II) und Dextrose miteinander vermischen und bereitstellen.

4 Yuzupüree in einen hohen Topf geben und erwärmen.

5 Die Zucker-Pektin-Mischung bei circa 40 °C mit dem Schneebesen klümpchenfrei einrühren und aufkochen lassen.

6 Die Hälfte der Zucker-Dextrose-Mischung in das kochende Fruchtpüree rühren, kurz aufkochen und dann die zweite Hälfte einrühren.

7 Das Fruchtpüree auf 106 °C hochkochen, von der Hitzequelle nehmen. Zitronensäure sowie Gin einrühren.

8 Das Gelee sofort in den vorbereiteten Rahmen gießen und mit den Kakaonibs bestreuen.

9 Das Gelee etwas abkühlen lassen, die Oberfläche mit Zucker bestreuen und mindestens 2 Stunden fest werden lassen.

FERTIGSTELLUNG

Das fertige Pâte de Fruits vom Rahmen befreien, in 3 × 3 cm große Quadrate schneiden und in Zucker wälzen.

Die Yuzu-Gin-Quadrate auf einen Backofenrost über Nacht zum Trocknen legen und luftdicht aufbewahren.

Mein Genussmoment

Der perfekte Begleiter für chillige Sommerabende auf der Terrasse.

Matcha-Gin-Mandarine-Pralinen

Pralinen / mit Alkohol

ZUTATEN FÜR 3 Pralinenformen à 24 Pralinen

Pralinenhülle:
500 g dunkle Kuvertüre (74 %)

Fruchtgelee:
200 g Mandarinenpüree
50 g Zitronenpüree
2 g Pectine Jaune
20 g Zucker (I)
210 g Zucker (II)
35 g Glukosesirup
3 g Weinsäurelösung (Wasser : Weinsäure im Verhältnis 1 : 1)
50 g Gin Tanqueray No. 10

Ganache:
140 g weiße Kuvertüre (34 %)
80 g Sahne
5 g Matcha
25 g Glukosesirup
20 g Invertzucker
10 g Butter
35 g Gin Tanqueray No. 10

Benötigte Utensilien:
Pürierstab
Einwegspritzbeutel
Digitales Einstichthermometer
Löffelwaage

Haltbarkeit bei kühler Lagerung (12 bis 18 °C):
ca. 6 Wochen

ZUBEREITUNG

1 Pralinenformen vorbereiten (siehe Seite 161 f.).

2 Das Fruchtgelee ohne Gin nach Anleitung kochen (siehe Seite 168).

3 Das Fruchtgelee abkühlen lassen, Gin hinzugeben und mit dem Pürierstab glatt mixen, um ein spritzfähiges Gelee zu erhalten.

4 Das fertige Gelee in einen Einwegspritzbeutel füllen und bereitlegen.

5 Kuvertüre über dem Wasserbad bei 45–50 °C vorsichtig schmelzen, in einen Messbecher geben und bereitstellen.

6 Sahne erhitzen, Matcha hinzugeben und gründlich einrühren.

7 Zuckerarten und Butter zur Matcha-Sahne geben und vorsichtig auf 40–45 °C erwärmen, bis die Butter geschmolzen ist.

8 Die warme Sahne zur geschmolzenen Kuvertüre geben und mit dem Pürierstab blasenfrei homogenisieren. Den Gin hinzugeben und blasenfrei untermixen.

9 Die fertige Gin-Ganache auf 32 °C abkühlen lassen und in einen Einwegspritzbeutel füllen.

FERTIGSTELLUNG

Die bereitstehenden Pralinenformen zu einem Drittel mit dem Mandarinen-Gin-Gelee füllen. Anschließend die Pralinenformen mit der Matcha-Ganache bis circa 1 mm unter dem Rand füllen. Die Ganache über Nacht abgedeckt bei Zimmertemperatur auskristallisieren lassen.

Die Pralinen am Folgetag mit temperierter dunkler Kuvertüre (74 %) verschließen, 30 Minuten ruhen lassen, dann aus den Formen befreien.

Gin-Gurken-Macarons

Macarons / alkoholfrei

ZUTATEN FÜR ca. 70 Macarons

Gurkengelee:
200 g pürierte, geschälte Gurke
2 g Pectine Jaune
20 g Zucker (I)
210 g Zucker (II)
35 g Glukosesirup
3 g Weinsäurelösung (Wasser : Weinsäure im Verhältnis 1 : 1)
50 g Gin Knut Hansen 0,0

Ganache:
420 g weiße Kuvertüre (34 %)
20 g Zitronensaft
110 g pürierte Gurke
10 g Butter
25 g Glukosesirup
50 g Knut Hansen 0,0
3 g Tellicherry-Pfeffer, zerstoßen

Außerdem:
140 Macaronschalen für 70 Macarons

Benötigte Utensilien:
Pürierstab
Einwegspritzbeutel

Haltbarkeit bei kühler Lagerung (12 bis 18 °C):
ca. 2 Wochen

ZUBEREITUNG

1 Das Gurkengelee ohne Gin nach Anleitung kochen (siehe Seite 168).

2 Das fertige Fruchtgelee abkühlen lassen, Gin hinzugeben und mit dem Pürierstab glatt mixen, um ein spritzfähiges Gelee zu erhalten.

3 Das fertige Gelee in einen Einwegspritzbeutel füllen und bereitlegen.

4 Kuvertüre in einen hitzebeständigen Messbecher geben und bereitstellen.

5 Zitronensaft, Gurkenpüree, Butter und Glukosesirup aufkochen und über die Kuvertüre gießen.

6 Die Kuvertüre kurz anschmelzen lassen und mit dem Pürierstab blasenfrei homogenisieren. Den Gin zusammen mit dem Pfeffer hinzugeben und blasenfrei untermixen.

7 Die fertige Gin-Ganache in eine Auflaufform geben, mit Frischhaltefolie abdecken und über Nacht ruhen lassen.

8 Die Ganache cremig rühren, in einen Einwegspritzbeutel füllen und bereitlegen.

FERTIGSTELLUNG

Jeweils 1 mittelgroßen Tupfen Gin-Ganache mittig auf die Hälfte der Macaron-Schalen geben. In die Mitte der Ganache je 1 kleinen Klecks Gurkengelee setzen. Die Macarons mit der anderen Hälfte der Macaron-Schalen schließen. Die Macarons in einer luftdichten Box 24 Stunden im Kühlschrank lagern und 2 Stunden vor dem Servieren bei Zimmertemperatur ruhen lassen.

Gin Tonic

Pralinen / alkoholfrei

ZUTATEN FÜR 3 Pralinenformen à 24 Pralinen

Pralinenhülle:
500 g weiße Kuvertüre (34 %)

Ganache:
80 g Tonic-Essenz
3 Wacholderbeeren, zerstoßen
140 g weiße Kuvertüre (34 %)
55 g Laori Juniper No. 1
25 g Glukosesirup
10 g Butter

Benötigte Utensilien:
Thermometer
Pürierstab
Einwegspritzbeutel

Haltbarkeit bei kühler Lagerung (12 bis 18 °C):
ca. 2 Wochen

ZUBEREITUNG

1 Pralinenformen vorbereiten (siehe Seite 161 f.).

2 Tonic-Essenz zusammen mit den Wacholderbeeren erhitzen und abgedeckt 10 Minuten ziehen lassen. Die Wacholderbeeren aus der Tonic-Essenz entfernen.

3 Kuvertüre über dem Wasserbad bei 45–50 °C vorsichtig schmelzen, in einen Messbecher geben und bereitstellen.

4 Tonic-Essenz, Laori Juniper No. 1, Glukosesirup und Butter vorsichtig auf 40–45 °C erwärmen, bis die Butter geschmolzen ist.

5 Das warme Tonic durch ein feines Sieb zur geschmolzenen Kuvertüre geben und mit dem Pürierstab blasenfrei homogenisieren.

6 Die fertige Gin-Tonic-Ganache auf 32 °C abkühlen lassen und in einen Einwegspritzbeutel füllen.

FERTIGSTELLUNG

Die bereitstehenden Pralinenformen mit der Gin-Tonic-Ganache bis circa 1 mm unter dem Rand füllen. Die Ganache über Nacht abgedeckt bei Zimmertemperatur auskristallisieren lassen.

Die Pralinen am Folgetag mit temperierter weißer Kuvertüre (34 %) verschließen, 30 Minuten ruhen lassen und dann aus den Formen befreien.

Gin Basil Smash

Pralinen / mit Alkohol

●●○○○

ZUTATEN FÜR
3 Pralinenformen à 24 Pralinen

Pralinenhülle:
500 g dunkle Kuvertüre (74 %)

Ganache:
90 g Gin Tanqueray Rangpur Lime plus ein wenig mehr zum Auffüllen
30 g Zitronensaft
15 Blätter frisches Basilikum
300 g weiße Kuvertüre (34 %)
35 g Glukosesirup
30 g Butter

Benötigte Utensilien:
Pürierstab
Thermometer
Einwegspritzbeutel

Haltbarkeit bei kühler Lagerung (12 bis 18 °C):
ca. 2 Wochen

ZUBEREITUNG

1 Pralinenformen vorbereiten (siehe Seite 161 f.).

2 Gin, Zitronensaft und Basilikumblätter auf 80 °C erhitzen, mithilfe des Pürierstabs fein pürieren und 15 Minuten ziehen lassen.

3 Basilikum-Gin durch ein feines Sieb geben und mit Gin auf 120 g auffüllen.

4 Kuvertüre über dem Wasserbad bei 45–50 °C vorsichtig schmelzen, in einen Messbecher geben und bereitstellen.

5 Basilikum-Gin, Glukosesirup und Butter vorsichtig auf 40–45 °C erwärmen, bis die Butter geschmolzen ist.

6 Die warme Flüssigkeit zur geschmolzenen Kuvertüre geben und mit dem Pürierstab blasenfrei homogenisieren.

7 Die fertige Gin-Basil-Smash-Ganache auf 32 °C abkühlen lassen und in einen Einwegspritzbeutel füllen.

FERTIGSTELLUNG

Die bereitstehenden Pralinenformen mit der Gin-Basil-Smash-Ganache bis circa 1 mm unter dem Rand füllen. Die Ganache über Nacht abgedeckt bei Zimmertemperatur auskristallisieren lassen.

Die Pralinen am Folgetag mit temperierter dunkler Kuvertüre (74 %) verschließen, 30 Minuten ruhen lassen und dann aus den Formen befreien.

Mein Tipp

Dieses Rezept schmeckt auch sehr gut mit einer Pralinenhülle aus weißer Kuvertüre.

Destillate

Destillate

In diesem Kapitel gibt es lauter indirekte Widmungen. Hier sind nämlich Lieblingsdrinks aus meiner Familie und aus der meines Mannes eingeflossen, die ich direkt in Pralinen verarbeitet habe. Der Kakaofruchtdrink erinnert mich zum Beispiel immer an einen Abend mit meinem Mann Lars auf Teneriffa mit dem schönsten Sonnenuntergang und einem Sundowner im Glas. Diese Stimmung wollte ich unbedingt einfangen. Der Pornstar ist ein guter Blender, weil man den Alkohol aufgrund seiner Frische, der Vanille und Maracuja nicht so schmeckt, er seine Wirkung aber trotzdem nicht verfehlt. Ein Knaller als Praline. Und der Tropic Martini hier als Espresso Martini gehört auch zu den Family-Lieblingen.

LYRE'S
COFFEE ORIGINALE
IMPOSSIBLY CRAFTED
NON-ALCOHOLIC SPIRITS
700mL
23.7 Fl Oz
STRYKK
DISTILLED
NON-ALCOHOLIC SPIRITS
NOT V*DKA
70cl

Kakaofrucht-Grapefruit-Wodka-Sundowner

Drink / vegan / mit Alkohol
●○○○○

ZUTATEN FÜR 4 Tumbler-Gläser

Crushed Ice
20 cl Kakaofruchtpüree
2 cl Grapefruitsaft
20 cl Wodka
3 Eiswürfel
4 Grapefruitfilets

Benötigte Utensilien:
4 Tumbler-Gläser
Shaker
Rührlöffel
4 Glas-Strohhalme

ZUBEREITUNG

1 Alle Tumbler-Gläser zur Hälfte mit Crushed Ice füllen.

2 Kakaofruchtpüree, Grapefruitsaft und Wodka zusammen mit den drei Eiswürfeln in den Shaker geben und die Zutaten kurz gut miteinander vermischen.

3 Den Cocktail durch das Sieb abseihen, auf die 4 Tumbler verteilen und mit dem Rührlöffel einmal durchrühren.

4 Die Gläser mit je 1 Grapefruitfilet garniert servieren.

Mein Genussmoment

Beim Serienmarathon auf dem Sofa mit meinem Mann die perfekte Erfrischung!

Chocolate Espresso Martini 0,0

Drink / vegan / alkoholfrei

●○○○○

ZUTATEN FÜR 2 Martini-Gläser

Cold Brew Cacao:
50 g Kakaonibs
150 ml Wasser

Cocktail:
Eiswürfel
90 ml Strykk not vodka
50 ml Lyre's Coffee 0,0 Kaffeelikör
50 ml Cold Brew Cacao (siehe Schritt 1 und 2)
4 Espressobohnen

Benötigte Utensilien:
2 Martini-Gläser
Shaker
Rührlöffel

ZUBEREITUNG

1 Für den Cold Brew Cacao Kakaonibs mit Wasser bedecken und über Nacht im Kühlschrank ziehen lassen.

2 Cold Brew Cacao durch ein feines Sieb geben und bereitstellen.

3 Den Shaker mit Eiswürfeln füllen.

4 Destillate und Cold Brew Cacao in den Shaker geben, verschließen und kräftig schütteln.

5 Cocktail in die beiden Martini-Gläser abseihen und mit Espressobohnen dekorieren.

Mein Tipp

Den Espresso Martini 0,0 kräftig schütteln, damit auch ein schöner weißer Schaum entsteht.

Pornstar

Pralinen / vegan / mit Alkohol

ZUTATEN FÜR 3 Pralinenformen à 24 Pralinen

Pralinenhülle:
500 g vegane Maracujakuvertüre

Fruchtgelee:
200 g Maracujapüree
2 g Pectine Jaune
20 g Zucker (I)
210 g Zucker (II)
35 g Glukosesirup
3 g Weinsäurelösung (Wasser : Weinsäure im Verhältnis 1 : 1)
50 g Absolut Vodka

Ganache:
140 g vegane weiße Kuvertüre
60 g Hafersahne
25 g Glukosesirup
20 g Invertzucker
30 g vegane Butter, z. B. Violife
Mark von 1 Vanilleschote
40 g Absolut Vodka

Benötigte Utensilien:
Pürierstab
2 Einwegspritzbeutel
Digitales Einstichthermometer
Löffelwaage

Haltbarkeit bei kühler Lagerung (12 bis 18 °C):
ca. 6 Wochen

ZUBEREITUNG

1 Pralinenformen vorbereiten (siehe Seite 161 f.).

2 Das Fruchtgelee ohne Wodka nach Anleitung kochen (siehe Seite 168).

3 Das fertige Fruchtgelee abkühlen lassen, Wodka hinzugeben und mit dem Pürierstab glatt mixen, um ein spritzfähiges Gelee zu erhalten.

4 Das fertige Gelee in einen Einwegspritzbeutel füllen und bereitlegen.

5 Vegane Kuvertüre über dem Wasserbad bei 45–50 °C vorsichtig schmelzen, in einen Messbecher geben und bereitstellen.

6 Hafersahne zusammen mit den Zuckerarten, der veganen Butter und dem Vanillemark auf circa 40 °C erwärmen, bis die vegane Butter geschmolzen ist.

7 Den Wodka einrühren.

8 Die warme Vanille-Wodka-»Sahne« zur geschmolzenen Kuvertüre geben und mit dem Pürierstab blasenfrei homogenisieren.

9 Die fertige Vanille-Ganache auf 32 °C abkühlen lassen und in einen Einwegspritzbeutel füllen.

FERTIGSTELLUNG

Die bereitstehenden Pralinenformen zu einem Drittel mit dem Maracujagelee füllen. Anschließend die Pralinenformen mit der Vanille-Ganache bis circa 1 mm unter dem Rand füllen. Die Ganache über Nacht abgedeckt bei Zimmertemperatur auskristallisieren lassen.

Die Pralinen am Folgetag mit temperierter veganer Maracujakuvertüre verschließen, 30 Minuten ruhen lassen und dann aus den Formen befreien.

Grappa-Rosinen-Pralinen

Pralinen / mit Alkohol

●●○○○

ZUTATEN FÜR
2 Pralinenformen à 24 Stück

Pralinenhülle:
500 g dunkle Vollmilchkuvertüre (55 %)

Grappa-Rosinen:
50 g Rosinen
150 g Grappa

Ganache:
180 g dunkle Vollmilchkuvertüre (55 %)
50 g Sahne
20 g Glukosesirup
15 g Invertzucker
15 g Butter
20 g Grappa (siehe Teilrezept)
30 g Grappa-Rosinen, sehr fein gehackt (siehe Teilrezept)

Benötigte Utensilien:
Thermometer
Pürierstab
Einwegspritzbeutel

Haltbarkeit bei kühler Lagerung (12 bis 18 °C):
ca. 6 Wochen

ZUBEREITUNG

1 Rosinen in Grappa einlegen und mindestens 24 Stunden ruhen lassen.

2 Grappa-Rosinen abtropfen lassen, fein hacken und bereitstellen.

3 Den Grappa auffangen und für die Ganache verwenden.

4 Pralinenformen vorbereiten (siehe Seite 161 f.).

5 Kuvertüre über dem Wasserbad bei 45–50 °C vorsichtig schmelzen, in einen Messbecher geben und bereitstellen.

6 Sahne zusammen mit den Zuckerarten und der Butter vorsichtig auf 40–45 °C erwärmen, bis die Butter geschmolzen ist.

7 Die warme Sahne zur geschmolzenen Kuvertüre geben und mit dem Pürierstab blasenfrei homogenisieren. Den Grappa sowie die Grappa-Rosinen hinzugeben und blasenfrei untermixen.

8 Die fertige Grappa-Ganache auf 32 °C abkühlen lassen und in einen Einwegspritzbeutel füllen.

FERTIGSTELLUNG

Die vorbereiteten Pralinenformen mithilfe des Spritzbeutels bis 1 mm unter den Pralinenrand füllen. Die Ganache über Nacht abgedeckt bei Zimmertemperatur auskristallisieren lassen.

Die Pralinen am Folgetag mit temperierter dunkler Vollmilchkuvertüre (55 %) verschließen, 30 Minuten ruhen lassen und dann aus den Formen befreien.

Mein Tipp

Dragieren benötigt Zeit und Geduld. Geben Sie stets nur kleine Mengen Kuvertüre zu den Haselnüssen und rühren Sie diese gut unter. Mit einer größeren Menge Kuvertüre ginge es zwar vermeintlich schneller, allerdings ist die Gefahr groß, dass die Haselnüsse miteinander verkleben und einen Klumpen bilden.

Schokolierte Haselnüsse

Dragees / alkoholfrei

●●●○○

ZUTATEN FÜR ca. 800 g Haselnüsse

Karamellsirup:
125 g Zucker
75 g Glukosesirup
75 g Invertzucker
100 g Wasser

Dragees:
400 g Haselnüsse
400 g helle Karamellkuvertüre (32 %)

Dekor:
Lebensmittelfarbe Bronze metallic

Benötigte Utensilien:
2 Schüsseln
Thermometer
Rührlöffel
Esslöffel
Sieb

Haltbarkeit bei kühler Lagerung (12 bis 18 °C):
ca. 6 Monate

ZUBEREITUNG

1 Haselnüsse in eine Schüssel geben.

2 Für den Karamellsirup Zucker, Glukosesirup, Invertzucker und Wasser aufkochen, bis sich der Zucker aufgelöst hat.

3 Den Zuckersirup über die Haselnüsse geben. Die Haselnüsse 2 Stunden im Sirup ziehen lassen.

4 Die Haselnüsse im Sieb gründlich abtropfen lassen, auf einem Backblech verteilen und bei 160 °C 15–20 Minuten karamellisieren lassen.

5 Die fertigen Haselnüsse auf einem Backpapier ausbreiten und vollständig auskühlen lassen.

6 Die karamellisierten Haselnüsse in eine Schüssel geben.

7 Die Karamellkuvertüre in einer zweiten Schüssel vorsichtig über dem Wasserbad bei 40–45 °C schmelzen und von der Hitzequelle nehmen.

8 1 EL geschmolzene Kuvertüre zu den Haselnüssen geben und mithilfe des Rührlöffels so lange vorsichtig rühren, bis die Kuvertüre um die Haselnüsse verteilt ist.

9 Die Haselnüsse kurz in den Kühlschrank geben, bis die Kuvertüre fest ist.

10 Die Schritte 8 und 9 so lange wiederholen, bis die Kuvertüre aufgebraucht ist.

11 Die schokolierten Haselnüsse auf Backpapier ausbreiten und über Nacht ruhen lassen.

12 Die Haselnüsse mit etwas Bronzepulver bestäuben und in einem luftdichten Gefäß aufbewahren.

MANIFEST
WAGE DAS NEUE.
BRICH DIE REGELN.

Liköre

Liköre

Ich dachte ja früher bei Likören immer zuerst an Omma und Oppa und das Nachmittags-Likörchen. Aber da geht so viel mehr, besonders in Verbindung mit Schokolade. Ich wollte das Verstaubte zur Seite schieben und dem Ganzen einen sexy Touch geben. Die Welt der Liköre ist so vielfältig: Eierlikör ist so ein Everybody's Darling und gerade wieder voll im Trend, Cointreau ist auch ein Klassiker, der ein Revival verdient hat, aber eben frischer und moderner als die Erinnerungen aus alten Wohnstuben.

Übrigens: Für die Marzipan-Trüffel-Pralinen ist Harzipan zum Einsatz gekommen, ein wenig Heimat mit einem Marzipan-Sahne-Likör aus Wöltingerode im Harz. Ich trinke ihn nicht pur, aber verarbeitet ist er super – versprochen!

VEGGLY
VEGANER LIKÖR OHNE EIER
Hamburg. Von Hand. Mit RYEKORN.
VEGAN
16,3 % vol
350 ml vol e

Beschwipste Haselnüsse

Pralinen / mit Alkohol

ZUTATEN FÜR
3 Pralinenformen à 24 Stück

Pralinenhülle:
500 g Vollmilchkuvertüre (44 %)

Ganache:
180 g Vollmilchkuvertüre (44 %)
20 g Sahne
20 g Glukosesirup
15 g Invertzucker
50 g Haselnusslikör
15 g Butter

Haselnuss-Nougat:
100 g Haselnussmus
100 g Vollmilchkuvertüre (44 %), temperiert

Benötigte Utensilien:
Thermometer
Pürierstab
Einwegspritzbeutel

Haltbarkeit bei kühler Lagerung (12 bis 18 °C):
ca. 8–10 Wochen

ZUBEREITUNG

1 Pralinenformen vorbereiten (siehe Seite 161 f.).

2 Kuvertüre über dem Wasserbad bei 45–50 °C vorsichtig schmelzen, in einen Messbecher geben und bereitstellen.

3 Sahne zusammen mit den Zuckerarten, dem Haselnusslikör und der Butter vorsichtig auf 40–45 °C erwärmen, bis die Butter geschmolzen ist.

4 Die warme Haselnuss-Sahne zur geschmolzenen Kuvertüre geben und mit dem Pürierstab blasenfrei homogenisieren.

5 Die fertige Haselnusslikör-Ganache auf 32 °C abkühlen lassen und in einen Einwegspritzbeutel füllen.

FERTIGSTELLUNG

Die vorbereiteten Pralinenformen zu zwei Drittel mit der Haselnusslikör-Ganache füllen und über Nacht abgedeckt bei Zimmertemperatur auskristallisieren lassen.

Am Folgetag die Pralinen mit dem Haselnuss-Nougat (Haselnussmus und temperierte Vollmilchkuvertüre sehr gut vermengen) bis circa 1 mm unter den Rand füllen.

Die Pralinenformen für circa 10–15 Minuten in den Kühlschrank stellen, bis das Nougat fest ist. Die Pralinen aus der Kühlung holen, kurz ruhen lassen und mit temperierter Vollmilchkuvertüre verschließen, 30 Minuten ruhen lassen und dann aus den Formen befreien.

Mein Genussmoment

Passt wunderbar mit Haselnusslikör und Espresso als Abschluss eines Mehr-Gänge-Menüs.

Jägermeister SCHARF – gefüllte Ingwer-Schokolade

Schokolade / mit Alkohol
●●○○○

ZUTATEN FÜR 3 Schokoladenformen à 3 Stück

Schokoladenhülle:
500 g Vollmilchkuvertüre (44 %)

Ganache:
220 g Vollmilchkuvertüre (44 %)
25 g Invertzucker
40 g Sahne
60 g Jägermeister scharf
75 g Mandelmus
20 g fein gehackter kandierter Ingwer

Benötigte Utensilien:
Thermometer
Pürierstab
Einwegspritzbeutel

Außerdem:
optional: fein gehackter kandierter Ingwer

Haltbarkeit bei kühler Lagerung (12 bis 18 °C):
ca. 8 Wochen

ZUBEREITUNG

1 Schokoladenformen vorbereiten (siehe Seite 161 f., identisch zu den Pralinenformen).

2 Kuvertüre über dem Wasserbad bei 45–50 °C vorsichtig schmelzen, in einen Messbecher geben und bereitstellen.

3 Sahne zusammen mit dem Zucker vorsichtig auf 40–45 °C erwärmen, bis die Butter geschmolzen ist.

4 Die warme Sahne zur geschmolzenen Kuvertüre geben und mit dem Pürierstab blasenfrei homogenisieren.

5 Den Jägermeister scharf, das Mandelmus und den fein gehackten kandierten Ingwer hinzugeben und blasenfrei untermixen.

6 Die fertige Jägermeister-Ganache auf 32 °C abkühlen lassen und in einen Einwegspritzbeutel füllen.

FERTIGSTELLUNG

Die vorbereiteten Schokoladenformen zu zwei Drittel mit der Jägermeister-Ganache füllen und über Nacht abgedeckt bei Zimmertemperatur auskristallisieren lassen.

Die Schokoladenformen am Folgetag mit temperierter Vollmilchkuvertüre verschließen und nach Belieben mit fein gehacktem Ingwer dekorieren. Die fertigen Schokoladen 30 Minuten ruhen lassen, für 10 Minuten in den Kühlschrank legen und anschließend aus den Formen befreien.

Mein Handwerkstipp

Es empfiehlt sich generell bei gefüllten Tafelschokoladen, die Schokoladenhülle zweifach zu gießen und die Tafel mit einem etwas dickeren Boden zu verschließen.

Jägermeister
MANIFEST
WAGE DAS NEUE.
BRICH DIE REGELN.
LIEBE DAS ANDERE.
BEWAHRE DAS ECHTE.
ERLESE DEN GESCHMACK.

Lavendel-Lumumba

Drink / mit Alkohol

●○○○○

ZUTATEN FÜR 2 Gläser

10 Lavendelblüten
2 TL Rohrohrzucker
400 ml Milch
70 g dunkle Kuvertüre (60 %)
80 ml Jägermeister MANIFEST
leicht aufgeschlagene Sahne
Lavendelperlen zum Dekorieren

Benötigte Utensilien:
Mörser
Schneebesen

ZUBEREITUNG

1 Lavendelblüten zusammen mit dem Rohrohrzucker im Mörser fein zerstoßen.

2 Milch, Kuvertüre und Lavendelzucker in einen Topf geben und unter stetigem Rühren langsam erhitzen.

3 Die heiße Trinkschokolade so lange rühren, bis sich die Kuvertüre komplett aufgelöst hat. Nicht aufkochen.

FERTIGSTELLUNG

Die heiße Trinkschokolade in 2 bereitstehende Gläser füllen und je 40 ml Jägermeister MANIFEST hinzugeben.

Mit etwas leicht aufgeschlagener Sahne sowie den Lavendelperlen dekorieren und sofort servieren.

Grand-Marnier-Dragees

Dragees / vegan / mit Alkohol

ZUTATEN FÜR ca. 2 kg Dragees

Grand-Marnier-Gelee:

200 g Zucker (I)
16 g Pectine Jaune
475 g Zucker (II)
40 g Dextrose
380 g Bitterorangenpüree
8 g Zitronensäurelösung (Zitronensäure : Wasser im Verhältnis 1 : 1)
200 g Grand Marnier
etwas Kakaopulver

Grand-Marnier-Dragees:

1000 g Grand-Manier-Gelee-Würfel
1000 g dunkle Kuvertüre (74 %)

Benötigte Utensilien:

Gießrahmen 30 × 30 cm (Innenmaß)
Backmatte oder Backpapier
Einstichthermometer
Löffelwaage
Schneebesen

Haltbarkeit bei kühler Lagerung (12 bis 18 °C):

ca. 16 Wochen

ZUBEREITUNG

1 Den Gießrahmen zusammensetzen und auf einer Backmatte bereitstellen.

2 Zucker (I) mit Pectine Jaune vermischen und bereitstellen.

3 Zucker (II) und Dextrose miteinander vermischen und bereitstellen.

4 Bitterorangenpüree in einen hohen Topf geben und erwärmen.

5 Die Zucker-Pektin-Mischung bei circa 40 °C mit dem Schneebesen klümpchenfrei einrühren und aufkochen lassen.

6 Die Hälfte der Zucker-Dextrose-Mischung in das kochende Fruchtpüree rühren, kurz aufkochen und dann die zweite Hälfte einrühren.

7 Das Fruchtpüree auf 106 °C hochkochen, von der Hitzequelle nehmen. Nun die Zitronensäure sowie Grand Marnier einrühren.

8 Das Gelee sofort in den vorbereiteten Rahmen gießen und mindestens 2 Stunden fest werden lassen.

9 Das Gelee in 1 × 1 cm große Würfel schneiden, mit Abstand auf ein Blech legen und zwei Tage trocknen lassen. Hierbei mehrfach wenden.

10 Die Gelee-Würfel in Kakaopulver wälzen, vorsichtig gründlich absieben und in eine Schüssel geben.

11 Die Gelee-Würfel dragieren (siehe Schritte 6-10 beim Rezept „Schokolierte Rum-Rosinen“ Seite 33).

Mein Handwerkstipp

Sollte Ihnen das Dragieren des Gelees zu kompliziert sein, schneiden Sie das Gelee in 3 × 3 cm große Würfel und überziehen Sie diese mit dunkler temperierter Kuvertüre.

Cointreau-Trüffel

Pralinen / mit Alkohol

●○○○○

ZUTATEN FÜR 63 Trüffelkugeln

Pralinenhülle:

63 Hohlkugeln aus Vollmilchkuvertüre
500 g dunkle Kuvertüre (60 %)

Ganache:

100 g Vollmilchkuvertüre (44 %)
80 g dunkle Kuvertüre (60 %)
100 g Sahne
20 g Glukosesirup
15 g Invertzucker
Zesten von 1 Orange
25 g Butter
40 g Cointreau

Benötigte Utensilien:

Thermometer
Pürierstab
Einwegspritzbeutel

Haltbarkeit bei kühler Lagerung (12 bis 18 °C):

ca. 8–10 Wochen

ZUBEREITUNG

1 Kuvertüren zusammen über dem Wasserbad bei 45–50 °C vorsichtig schmelzen, in einen Messbecher geben und bereitstellen.

2 Sahne zusammen mit den Zuckerarten, den Orangenzesten und der Butter vorsichtig auf 40–45 °C erwärmen, bis die Butter geschmolzen ist.

3 Die warme Sahne zur geschmolzenen Kuvertüre geben und mit dem Pürierstab blasenfrei homogenisieren. Den Cointreau hinzugeben und blasenfrei untermixen.

4 Die fertige Cointreau-Ganache auf 32 °C abkühlen lassen und in einen Einwegspritzbeutel füllen.

FERTIGSTELLUNG

Die bereitstehenden Hohlkugeln mithilfe des Spritzbeutels bis 1 mm unter den Pralinenrand mit der Cointreau-Ganache füllen. Die Ganache über Nacht abgedeckt bei Zimmertemperatur auskristallisieren lassen.

Die Hohlkugeln am Folgetag mit temperierter Vollmilchkuvertüre verschließen und anschließend mit dunkler Kuvertüre überziehen.

Veggnog

Pralinen / vegan / mit Alkohol

ZUTATEN FÜR 2 Pralinenformen à 24 Stück

Pralinenhülle:
500 g weiße vegane Kuvertüre

Ganache:
140 g vegane weiße Kuvertüre
100 g Veggly
20 g Glukosesirup
10 g Invertzucker
20 g Korn
10 g vegane Butter, z. B. Violife

Benötigte Utensilien:
Thermometer
Pürierstab
Einwegspritzbeutel

Haltbarkeit bei kühler Lagerung (12 bis 18 °C):
ca. 8–10 Wochen

ZUBEREITUNG

1 Pralinenformen vorbereiten (siehe Seite 161 f.).

2 Kuvertüre über dem Wasserbad bei 45–50 °C vorsichtig schmelzen, in einen Messbecher geben und bereitstellen.

3 Veggly zusammen mit den Zuckerarten, dem Korn und der veganen Butter vorsichtig auf 40–45 °C erwärmen, bis die Butter geschmolzen ist.

4 Die warme Flüssigkeit zur geschmolzenen Kuvertüre geben und mit dem Pürierstab blasenfrei homogenisieren.

5 Die fertige Ganache auf 32 °C abkühlen lassen und in einen Einwegspritzbeutel füllen.

FERTIGSTELLUNG

Die vorbereiteten Pralinenformen mithilfe des Spritzbeutels bis 1 mm unter den Pralinenrand mit der Veggnog-Ganache füllen. Die Ganache über Nacht abgedeckt bei Zimmertemperatur auskristallisieren lassen.

Die Pralinen am Folgetag mit temperierter veganer weißer Kuvertüre verschließen, 30 Minuten ruhen lassen und dann aus den Formen befreien.

Mein Genussmoment

Diese Pralinen sind für mich ein Jahres-Allrounder und machen nicht nur zur Osterzeit und im Spätherbst glücklich.

Marzipan-Trüffel

Pralinen / mit Alkohol

●○○○○

ZUTATEN FÜR 63 Trüffelkugeln

Pralinenhülle:

63 Hohlkugeln aus dunkler Kuvertüre
500 g dunkle Kuvertüre (60 %)

Ganache:

180 g weiße Kuvertüre (28 %)
100 g Marzipanlikör, z. B. Harzipan aus Wöltingerode
20 g Glukosesirup
15 g Invertzucker
20 g H-Milch
40 g weißes Mandelmus

Benötigte Utensilien:

Thermometer
Pürierstab
Einwegspritzbeutel

Haltbarkeit bei kühler Lagerung (12 bis 18 °C):

ca. 8–10 Wochen

ZUBEREITUNG

1 Kuvertüre über dem Wasserbad bei 45–50 °C vorsichtig schmelzen, in einen Messbecher geben und bereitstellen.

2 Likör zusammen mit den Zuckerarten, der Milch und dem Mandelmus vorsichtig auf 40–45 °C erwärmen.

3 Den warmen Likör zur geschmolzenen Kuvertüre geben und mit dem Pürierstab blasenfrei homogenisieren.

4 Die fertige Marzipan-Ganache auf 32 °C abkühlen lassen und in einen Einwegspritzbeutel füllen.

FERTIGSTELLUNG

Die bereitstehenden Hohlkugeln mithilfe des Spritzbeutels bis 1 mm unter den Pralinenrand mit der Marzipan-Ganache füllen. Die Ganache über Nacht abgedeckt bei Zimmertemperatur auskristallisieren lassen.

Die Hohlkugeln am Folgetag mit temperierter dunkler Kuvertüre verschließen und anschließend mit dunkler Kuvertüre überziehen.

Weine

Weine

Als ich meine Weinreise mit 18 Jahren begann, war ich noch ganz klassisch unterwegs, also eher bei Merlot – bitte nicht so viel Säure und gefällig, wenn möglich. Inzwischen bin ich aber längst bei Weißwein und Rosé angekommen, weil ich sie leichter finde und ich sie immer mit Sommer, Auszeit und Leichtigkeit verbinde.

Genauso leicht sollten die Kombinationen mit Schokolade beziehungsweise Kakao sein und auch ein wenig Summer-Feeling verbreiten. Kakaofruchtpüree und Sangria, das ist so eine richtige Sommerromanze – Kakaofrucht ähnelt nämlich Litschi und passt mit ihrer Leichtigkeit und Frische super zu weißen Weinen. Eine Ruby-Schokolade gehört natürlich farblich wie geschmacklich zu Rosé – da macht so ein sommerlicher Genuss richtig Spaß.

Und ja klar, im Winter holen wir uns mit Glühwein und Schokolade einfach die Wärme zurück.

TERRA FAGETO
SUD DE FRANCE
BORN TO
BE FREE
VIN SANS ALCOOL
savoir-faire vigneron depuis 1890
ALKOHOLFREIER WEIN | ALCOHOL-FREE WINE
FALERIO
TERRA FAGETO

Red Sangria

Drink / vegan / alkoholfrei

●○○○○

ZUTATEN FÜR
4 Weingläser

350 ml alkoholfreier Rotwein
350 ml alkoholfreier Sekt (z. B. PriSecco Cuvée Nr. 21 von Jörg Geiger)
100 g Kakaofruchtpüree
6 Erdbeeren
6 Himbeere
6 Weintrauben
8 Blätter Zitronenmelisse

Benötigte Utensilien:
4 große Weingläser
4 Glas-Strohhalme
Rührlöffel

ZUBEREITUNG

1 Die alkoholfreien Getränke zusammen mit dem Kakaofruchtpüree in eine Karaffe füllen und mindestens 2 Stunden kalt stellen.

2 Früchte waschen, vierteln oder halbieren und auf die Gläser verteilen.

3 Die rote Sangria aus der Kühlung holen, gut durchmischen und auf die vier bereitstehenden Gläser verteilen.

4 Die Gläser mit je 2 Blättern Zitronenmelisse dekorieren und umgehend servieren.

Mein Genussmoment

Für mich ein Muss zum spanischen Tapas-Abend als Drivers-Alternative zur Cava-Sangria.

Glühwein-Pralinen

Pralinen / mit Alkohol

ZUTATEN FÜR
2 Pralinenformen à 24 Stück

Pralinenhülle:
500 g dunkle Kuvertüre (70 %)

Ganache:
180 g Vollmilchkuvertüre (44 %)
100 g Rotwein
40 g Dr. Jaglas Glühweinkräuter-Elixier
3 g Glühwein-Gewürz
20 g Glukosesirup
15 g Invertzucker
25 g Butter

Benötigte Utensilien:
Thermometer
Pürierstab
Einwegspritzbeutel

Haltbarkeit bei kühler Lagerung (12 bis 18 °C):
ca. 4–6 Wochen

ZUBEREITUNG

1 Pralinenformen vorbereiten (siehe Seite 161 f.).

2 Kuvertüre über dem Wasserbad bei 45–50 °C vorsichtig schmelzen, in einen Messbecher geben und bereitstellen.

3 Wein zusammen mit dem Glühwein-Elixier, dem Glühwein-Gewürz, den Zuckerarten, und der Butter vorsichtig auf 40–45 °C erwärmen, bis die Butter geschmolzen ist.

4 Die warme Flüssigkeit zur geschmolzenen Kuvertüre geben und mit dem Pürierstab blasenfrei homogenisieren.

5 Die fertige Ganache auf 32 °C abkühlen lassen und in einen Einwegspritzbeutel füllen.

FERTIGSTELLUNG

Die vorbereiteten Pralinenformen mithilfe des Spritzbeutels bis 1 mm unter den Pralinenrand mit der Glühwein-Ganache füllen. Die Ganache über Nacht abgedeckt bei Zimmertemperatur auskristallisieren lassen.

Die Pralinen am Folgetag mit temperierter dunkler Kuvertüre verschließen, 30 Minuten ruhen lassen und aus den Formen befreien.

Weihnachts-Macarons

Macarons / alkoholfrei
●●○○○

ZUTATEN FÜR ca. 70 Macarons

Ganache:
420 g dunkle Kuvertüre (70 %)
45 g Himbeerpüree
45 g Kirschpüree
10 g Butter
5 g Glühwein-Gewürz (z. B. von Ingo Holland)
40 g Glukosesirup
90 g alkoholfreier Rotwein

Außerdem:
140 Macaronschalen für 70 Macarons

Benötigte Utensilien:
Pürierstab
Einwegspritzbeutel

Haltbarkeit bei kühler Lagerung (12 bis 18 °C):
ca. 2 Wochen

ZUBEREITUNG

1 Kuvertüre in einen hitzebeständigen Messbecher geben und bereitstellen.

2 Die beiden Fruchtpürees, Butter, Gewürze und Glukosesirup aufkochen und über die Kuvertüre gießen.

3 Die Kuvertüre kurz anschmelzen lassen und mit dem Pürierstab blasenfrei homogenisieren. Den Rotwein hinzugeben und blasenfrei unterarbeiten.

4 Die fertige Weihnachts-Ganache in eine Auflaufform geben, mit Frischhaltefolie abdecken und über Nacht ruhen lassen.

5 Die Ganache cremig rühren, in einen Einwegspritzbeutel füllen und bereitlegen.

FERTIGSTELLUNG

Jeweils 1 mittelgroßen Tupfen Weihnachts-Ganache mittig auf die Hälfte der Macaron-Schalen geben. Die Macarons mit der anderen Hälfte der Macaron-Schalen schließen. Die Macarons in einer luftdichten Box für 24 Stunden im Kühlschrank lagern und 2 Stunden vor dem Servieren bei Zimmertemperatur ruhen lassen.

Ruby-Taler als Rosé-Begleiter

Schokolade / alkoholfrei

●○○○○

ZUTATEN FÜR
ca. 30 Schoko-Taler

200 g Ruby-Kuvertüre
15 g gefriergetrocknete Himbeeren
15 g gefriergetrocknete Erdbeeren
15 g gefriergetrocknete Kirschen

Benötigte Utensilien:
Backpapier
Einwegspritzbeutel

Haltbarkeit bei kühler Lagerung (12 bis 18 °C):
ca. 2 Wochen

ZUBEREITUNG

1 Ruby-Kuvertüre nach Anleitung temperieren (siehe Seite 164).

2 Die getrockneten Früchte in kleine Schüsselchen geben und bereitstellen.

3 Die temperierte Ruby-Kuvertüre in einen Einwegspritzbeutel füllen und kleine runde Taler auf das Backpapier spritzen.

4 Die Taler sofort mit den getrockneten Früchten bestreuen.

5 Die Taler mindestens 1 Stunde auskristallisieren lassen.

6 Die fertigen Ruby-Taler in einem luftdichten Gefäß aufbewahren und gerne gekühlt genießen.

Mein Genussmoment

Ein gekühlter Rosé ist für mich ein klassisches Sommergetränk. Ein schönes Glas Rosé, mit oder ohne Alkohol, in der Hand, die Füße im Wasser und nebenher den einen oder anderen gekühlten Ruby-Taler dazu – so mag ich den Sommer …

Schaumweine

MARC-DE-CHAMPAGNE-HERZEN

CRÉMANT-PRALINE

ROSEN-LITSCHI-SCHOKOLADE

CACAO FRUIT CAVA LILLET

Schaumweine

Da ich als Kind in einer spanischen Familie gelebt habe, gehört Cava ganz fest zu meinem Leben. Wenn es etwas Besonderes zu feiern gab, dann wurde in Kristallgläsern Cava serviert, auch mal Cava-Bowle. Der Zugang zu Schaumweinen war für mich immer etwas einfacher als zu Weinen, weil ich damit aufgewachsen bin. Aber für mich ist Schaumwein dennoch immer etwas Besonderes geblieben – ein Gläschen Crémant oder Champagner oder eben Cava als Kindheitserinnerung, das bleibt den besonderen Momenten vorbehalten, und so haben Kuvertüre und Schaumwein als edle Verbindung natürlich einen Platz in diesem Buch gefunden.

POMME PÉTILLANT
2020
DU CALVADOS
LA PETITE REINE
pour
LADUBAY
SANS SUCRE AJOUTÉ
0%

Marc-de-Champagne-Herzen

Pralinen / mit Alkohol

●●○○○

ZUTATEN FÜR 2 Pralinenformen à 24 Stück

Pralinenhülle:
500 g weiße Kuvertüre (34 %)

Ganache:
180 g weiße Kuvertüre (34 %)
50 g Sahne (32 % Fettgehalt)
20 g Glukosesirup
15 g Invertzucker
15 g Butter
Mark von 1 Vanilleschote
30 g Marc-de-Champagne-Konzentrat

Benötigte Utensilien:
Thermometer
Pürierstab
Einwegspritzbeutel

Haltbarkeit bei kühler Lagerung (12 bis 18 °C):
ca. 8–10 Wochen

ZUBEREITUNG

1 Pralinenformen vorbereiten (siehe Seite 161 f.).

2 Kuvertüre über dem Wasserbad bei 45–50 °C vorsichtig schmelzen, in einen Messbecher geben und bereitstellen.

3 Sahne zusammen mit den Zuckerarten, der Butter und dem Vanillemark vorsichtig auf 40–45 °C erwärmen, bis die Butter geschmolzen ist.

4 Die warme Sahne zur geschmolzenen Kuvertüre geben und mit dem Pürierstab blasenfrei homogenisieren. Das Marc-de-Champagne-Konzentrat hinzugeben und blasenfrei untermixen.

5 Die fertige Marc-de-Champagne-Ganache auf 32 °C abkühlen lassen und in einen Einwegspritzbeutel füllen.

FERTIGSTELLUNG

Die vorbereiteten Pralinenformen mithilfe des Spritzbeutels bis 1 mm unter den Pralinenrand mit der Champagner-Ganache füllen. Die Ganache über Nacht abgedeckt bei Zimmertemperatur auskristallisieren lassen.

Die Pralinen am Folgetag mit temperierter weißer Kuvertüre verschließen, 30 Minuten ruhen lassen und dann aus den Formen befreien.

Crémant-Pralinen

Pralinen / vegan / mit Alkohol

●●○○○

ZUTATEN FÜR 2 Pralinenformen à 24 Stück

Pralinenhülle:

500 g weiße vegane Kuvertüre (34 %)

Crémant-Gelee:

2 g getrocknete Apfelblüten
50 g Wasser
170 g Zucker
4 g Pectine Jaune
40 g Dextrose
250 g Crémant
8 g Zitronensäurelösung (Zitronensäure : Wasser im Verhältnis 1 : 1)

Benötigte Utensilien:

Schneebesen
Einstichthermometer
Pürierstab
Einwegspritzbeutel
Löffelwaage

Haltbarkeit bei kühler Lagerung (12 bis 18 °C):

ca. 16 Wochen

ZUBEREITUNG

1 Pralinenformen vorbereiten (siehe Seite 161 f.).

2 Apfelblüten 15 Minuten in warmem Wasser ziehen lassen.

3 Zucker, Pectine Jaune und Dextrose miteinander vermischen und bereitstellen.

4 Crémant zusammen mit dem Apfelblüten-Wasser in einen Topf geben und erwärmen.

5 Die Zucker-Pektin-Mischung bei circa 40 °C mit dem Schneebesen klümpchenfrei einrühren und aufkochen lassen.

6 Die Mischung auf 106 °C hochkochen, dann von der Hitzequelle nehmen. Zitronensäure einrühren.

7 Das Gelee in eine Schüssel geben und abkühlen lassen.

8 Sobald das Gelee 32 °C erreicht hat, das Gelee mithilfe des Pürierstabs zu einem spritzfähigen Mus verarbeiten und in einen Einwegspritzbeutel füllen.

FERTIGSTELLUNG

Die vorbereiteten Pralinenformen mithilfe des Spritzbeutels bis 1 mm unter den Pralinenrand mit dem Crémant-Gelee füllen. Die Pralinen über Nacht abgedeckt bei Zimmertemperatur ruhen lassen.

Die Pralinen am Folgetag mit temperierter weißer Kuvertüre verschließen, 30 Minuten ruhen lassen und dann aus den Formen befreien.

Mein Handwerkstipp

Bei Pralinenfüllungen ohne Kuvertüre, also puren Gelees oder Karamellen, gieße ich die Pralinenhüllen immer doppelt. So hat die Pralinenhülle die Fähigkeit, das gewünschte Schrumpfverhalten beim Auskristallisieren auszubilden und die Pralinen kommen ohne Haarrisse aus den Pralinenformen.

Rosen-Litschi-Schokolade – eine Champagner-Begleitung

Schokolade / alkoholfrei

ZUTATEN FÜR ca. 10 Tafelschokoladen

Litschigelee:
200 g Zucker (I)
16 g Pectine Jaune
475 g Zucker (II)
40 g Dextrose
300 g Litschipüree
80 g Zitronenpüree
8 g Zitronensäurelösung (Zitronensäure und Wasser im Verhältnis 1 : 1)
Staubzucker zum Wälzen

Tafelschokolade:
500 g weiße Kuvertüre (34 %), temperiert
Litschigelee-Würfel (siehe Teilrezept)
gefriergetrocknete Himbeeren
Rosenblütenblätter

Benötigte Utensilien:
Gießrahmen 30 × 30 cm (Innenmaß)
Backmatte oder Backpapier
Einstichthermometer
Löffelwaage
Schneebesen

Haltbarkeit bei kühler Lagerung (12 bis 18 °C):
ca. 16 Wochen

ZUBEREITUNG

1 Den Gießrahmen zusammensetzen und auf einer Backmatte bereitstellen.

2 Zucker (I) mit Pectine Jaune vermischen und bereitstellen.

3 Zucker (II) und Dextrose miteinander vermischen und bereitstellen.

4 Die beiden Fruchtpürees in einen hohen Topf geben und erwärmen.

5 Die Zucker-Pektin-Mischung bei circa 40 °C mit dem Schneebesen klümpchenfrei einrühren und aufkochen lassen.

6 Die Hälfte der Zucker-Dextrose-Mischung in das kochende Fruchtpüree rühren, kurz aufkochen lassen und dann die zweite Hälfte einrühren.

7 Das Fruchtpüree auf 106 °C hochkochen, von der Hitzequelle nehmen und Zitronensäure einrühren.

8 Das Gelee sofort in den vorbereiteten Rahmen gießen und mindestens zwei Stunden fest werden lassen.

9 Gelee in 1 × 1 cm große Würfel schneiden, in Staubzucker wälzen, mit Abstand auf ein Blech legen und zwei Tage trocknen lassen. Hierbei mehrfach wenden.

FERTIGSTELLUNG

Die Tafelschokoladen-Formen mit jeweils 80 g temperierter weißer Kuvertüre füllen. Sofort die Litschigelee-Würfel, Himbeeren und einige klein geriebene Rosenblütenblätter auf den Schokoladentafeln verteilen und glatt rütteln. Die Schokoladentafeln circa 30 Minuten im Kühlschrank ruhen lassen, aus den Formen befreien und luftdicht lagern.

Mein Handwerkstipp

Wenn Sie keine Tafelschokoladen-Formen zur Hand haben, können Sie diese Schokolade auch gut als Bruchschokolade oder Schokoladentaler gestalten.

Mein ganz persönlicher Genussmoment

Zu meinem 40. Geburtstag saßen meine Schwester, mein Mann und ich auf dem Bänkchen des Söl'ring Hof auf Sylt und bekamen vom fantastischen Söl'ring-Team einen Rosé-Champagner gereicht. Mit einer Decke über den Beinen, Champagner in der Hand, den Sonnenuntergang beobachtend, war dies ein selten perfekter Moment. Diese Tafelschokolade erinnert mich genau an diesen Moment mit viel Liebe um mich herum.

Cacao Fruit Cava Lillet

Drink / vegan / mit Alkohol

●○○○○

ZUTATEN FÜR 4 Longdrink-Gläser

20 cl Lillet
20 g Kakaofruchtsaft
20 cl Cava
4 Rispen Rote Johannisbeeren oder Erdbeeren
Eiswürfel

Benötigte Utensilien:
4 Longdrink-Gläser
Rührlöffel
4 Glas-Strohhalme

ZUBEREITUNG

1 In jedes Longdrink-Glas 5 cl Lillet, 5 cl Kakaofruchtsaft und 5 cl Cava geben.

2 Das Getränk mit dem Bar-Rührlöffel vorsichtig vermengen.

3 3–4 Eiswürfel in die Gläser geben.

4 Rote Früchte wie Rote Johannisbeeren oder geviertelte Erdbeeren auf die Gläser verteilen.

Mein Genussmoment

Mit Glas-Strohhalm und einem Lächeln servieren.

Alkoholfrei

Alkoholfrei

Gerade aus dem Bereich alkoholfreier Alternativen gibt es einige sehr spannende Matches, die ich reizvoll in Verbindung mit Kakao finde, die sich aber in keinem der anderen Kapitel einsortieren ließen. Aber Ingweressenz und Schokolade ergeben eine neue moderne Variante des Ingwerstäbchens – und damit hat diese Kombination auch einen Platz in einem eigenen Kapitel verdient.

apothecary
DR. JAGLAS
HERBER
HIBISKUS
SAN-APERITIVO
– alkoholfrei –
APÉRO
LYRE'S
COFFEE ORIGINALE
IMPOSSIBLY CRAFTED
NON-ALCOHOLIC SPIRITS
apothecary
DR. JAGLAS
SAN
LIMELLO
FRESH UP YOUR SPRITZ
– alkoholfrei –
APÉRO
POURA
239

White Chocolate Mocca

Drink / alkoholfrei

●○○○○

ZUTATEN FÜR
2 Becher

400 ml Milch
70 g weiße Kuvertüre (34 %)
2 TL Rohrohrzucker
2 Espresso-Shots
leicht aufgeschlagene Sahne
ein paar Kakaonibs

Benötigte Utensilien:
Schneebesen

ZUBEREITUNG

1 Milch, Kuvertüre und Rohrohrzucker in einen Topf geben und unter stetigem Rühren langsam erhitzen.

2 Die heiße Trinkschokolade so lange rühren, bis sich die Kuvertüre komplett aufgelöst hat. Nicht aufkochen.

3 Die weiße Trinkschokolade auf 2 Becher verteilen.

4 Pro Becher je 1 starken, heißen Espresso-Shot zur Trinkschokolade geben.

FERTIGSTELLUNG

Mit etwas leicht aufgeschlagener Sahne sowie ein paar Kakaonibs als Deko servieren.

Mein Genussmoment

Ich liebe Trinkschokolade mit Espresso. Dieses Rezept funktioniert auch wunderbar mit dunkler Kuvertüre. Besser als jeder eisgekühlte Red Bull auf langen Autofahrten!

San-Limello-Spritz mit schokolierten Zitronen

Schokolade / vegan / alkoholfrei

●○○○○

ZUTATEN FÜR 1 Tumbler

Schokolierte Zitronenscheiben:
20 Scheiben kandierte Zitronen
250 g temperierte dunkle Kuvertüre (74 %)
einige Kakaonibs als Deko

San-Limello-Spritz:
20 ml Dr. Jaglas San Limello
40 ml Prosecco (alkoholfrei) oder Tonic Water
Eis
1 Zitronenscheibe
2 Minzeblätter

Benötigte Utensilien:
Pralinengabel
Backpapier
Tumbler
Rührlöffel

Haltbarkeit bei kühler Lagerung (12 bis 18 °C):
ca. 6 Monate (schokolierte Zitronen)

ZUBEREITUNG

1 Die kandierten Zitronenscheiben mithilfe der Pralinengabel in die temperierte dunkle Kuvertüre tauchen und auf dem bereitliegenden Backpapier absetzen.

2 Die schokolierten Zitronenscheiben mit Kakaonibs bestreuen und mindestens 30 Minuten ruhen lassen.

3 Die Zitronenscheiben luftdicht verschlossen lagern.

SERVIERVORSCHLAG

Für den San-Limello-Spritz alle Zutaten außer die Zitronenscheibe und die Minzeblätter in den Tumbler geben und mit dem Rührlöffel vorsichtig vermischen.

Den Longdrink mit der Zitronenscheibe und den Minzeblättern versehen.

Den Drink zusammen mit den schokolierten Zitronenscheiben servieren.

Herber-Hibiskus-Dragees

Dragees / vegan / alkoholfrei

ZUTATEN FÜR ca. 2 kg Dragees

Hibiskusgelee:

200 g Zucker (I)
16 g Pectine Jaune
475 g Zucker (II)
40 g Dextrose
200 g Hibiskus-Tonic
380 g Dr. Jaglas Herber Hibiskus
8 g Zitronensäurelösung (Zitronensäure : Wasser im Verhältnis 1 : 1)
etwas Kakaopulver

Grand-Marnier-Dragees:

1000 g Hibiskusgelee-Würfel (siehe Teilrezept)
1000 g dunkle Vollmilchkuvertüre (55 %)

Benötigte Utensilien:

Gießrahmen 30 × 30 cm (Innenmaß)
Backmatte oder Backpapier
Einstichthermometer
Löffelwaage
Schneebesen

Haltbarkeit bei kühler Lagerung (12 bis 18 °C):

ca. 16 Wochen

ZUBEREITUNG

1 Den Gießrahmen zusammensetzen und auf einer Backmatte bereitstellen.

2 Zucker (I) mit Pectine Jaune vermischen und bereitstellen.

3 Zucker (II) und Dextrose miteinander vermischen und bereitstellen.

4 Hibiskus-Tonic und Herben Hibiskus in einen hohen Topf geben und erwärmen.

5 Die Zucker-Pektin-Mischung bei circa 40 °C mit dem Schneebesen klümpchenfrei einrühren und aufkochen lassen.

6 Die Hälfte der Zucker-Dextrose-Mischung in die kochende Flüssigkeit rühren, kurz aufkochen und die zweite Hälfte einrühren.

7 Das Gelee auf 106 °C hochkochen, von der Hitzequelle nehmen. Zitronensäure einrühren.

8 Das Gelee sofort in den vorbereiteten Rahmen gießen und mindestens 2 Stunden fest werden lassen.

9 Das Gelee in 1 × 1 cm große Würfel schneiden, mit Abstand auf ein Blech legen und zwei Tage trocknen lassen. Hierbei mehrfach wenden.

10 Die Gelee-Würfel in Kakaopulver wälzen, vorsichtig gründlich absieben und in eine Schüssel geben.

11 Die Gelee-Würfel dragieren (siehe Seite 33 ab Schritt 5).

Mein Handwerkstipp

Sollte Ihnen das Dragieren des Gelees zu kompliziert sein, schneiden Sie das Gelee in 3 × 3 cm große Würfeln und überziehen Sie diese mit dunkler temperierter Vollmilchkuvertüre.

Kaffee-Karamell-Macarons

Macarons / alkoholfrei

●●○○○

ZUTATEN FÜR ca. 70 Macarons

Ganache:
420 g helle Karamellkuvertüre
90 g stark gebrühter Espresso
20 g Butter
40 g Glukosesirup
90 g Lyre's Coffee 0,0 Kaffeelikör

Außerdem:
140 Macaronschalen für 70 Macarons

Benötigte Utensilien:
Thermometer
Pürierstab
Einwegspritzbeutel

Haltbarkeit bei kühler Lagerung (12 bis 18 °C):
ca. 2 Wochen

ZUBEREITUNG

1 Kuvertüre in einen hitzebeständigen Messbecher geben und bereitstellen.

2 Espresso, Butter und Glukosesirup auf 70 °C erhitzen und über die Kuvertüre gießen.

3 Die Kuvertüre kurz anschmelzen lassen und mit dem Pürierstab blasenfrei homogenisieren. Kaffeelikör hinzugeben und blasenfrei unterarbeiten.

4 Die fertige Kaffee-Karamell-Ganache in eine Auflaufform geben, mit Frischhaltefolie abdecken und über Nacht ruhen lassen.

5 Die Ganache cremig rühren, in einen Einwegspritzbeutel füllen und bereitlegen.

FERTIGSTELLUNG

Jeweils einen mittelgroßen Tupfen Kaffee-Karamell-Ganache mittig auf die Hälfte der Macaron-Schalen geben. Die Macarons mit der anderen Hälfte der Macaron-Schalen schließen. Die Macarons in einer luftdichten Box 24 Stunden im Kühlschrank lagern und 2 Stunden vor dem Servieren bei Zimmertemperatur ruhen lassen.

Kakaofruchtsorbet

Eis / vegan / alkoholfrei

●○○○○

ZUTATEN FÜR
ca. 500 g Sorbet

100 g Wasser
100 g Zucker
Saft von 1 Zitrone
400 g Kakaofruchtsaft

Benötigte Utensilien:
Eismaschine

Haltbarkeit bei Tiefkühl-Lagerung:
ca. 1 Woche

ZUBEREITUNG

1 Wasser, Zucker und Zitronensaft in einem Topf aufkochen, bis sich der Zucker komplett aufgelöst hat.

2 Den Zuckersirup von der Hitzequelle nehmen und auskühlen lassen.

3 Den Zuckersirup mit dem Kakaofruchtsaft mischen und über Nacht im Kühlschrank ruhen lassen.

4 Kakaofruchtsorbet-Masse in die Eismaschine geben und 50 Minuten zum Sorbet verarbeiten lassen.

Serviervorschlag

Eine Sorbet-Kugel im Martini-Glas mit alkoholfreiem Sekt servieren.

Ingwerpralinen

Pralinen / alkoholfrei

ZUTATEN FÜR 3 Pralinenformen à 24 Pralinen

Pralinenhülle:
500 g Vollmilchkuvertüre (44 %)

Fruchtgelee:
200 g Poura Ingweressenz
50 g Zitronenpüree
2 g Pectine Jaune
20 g Zucker (I)
210 g Zucker (II)
35 g Glukosesirup
3 g Weinsäurelösung (Weinsäure : Wasser im Verhältnis 1 : 1)

Ganache:
140 g Vollmilchkuvertüre (44 %)
80 g Sahne
25 g Glukosesirup
20 g Invertzucker
10 g Butter
40 g Poura Ingweressenz

Benötigte Utensilien:
Pürierstab
Digitales Einstichthermometer
Löffelwaage
Einwegspritzbeutel

Haltbarkeit bei kühler Lagerung (12 bis 18 °C):
ca. 6 Wochen

ZUBEREITUNG

1 Pralinenformen vorbereiten (siehe Seite 161 f.).

2 Das Fruchtgelee nach Anleitung kochen (siehe Seite 168).

3 Das fertige Fruchtgelee abkühlen lassen, mit dem Pürierstab glatt mixen, um ein spritzfähiges Gelee zu erhalten.

4 Das fertige Gelee in einen Einwegspritzbeutel füllen und bereitlegen.

5 Kuvertüre über dem Wasserbad bei 45–50 °C vorsichtig schmelzen, in einen Messbecher geben und bereitstellen.

6 Sahne, Zuckerarten und Butter vorsichtig auf 40–45 °C erwärmen, bis die Butter geschmolzen ist.

7 Die warme Sahne zur geschmolzenen Kuvertüre geben und mit dem Pürierstab blasenfrei homogenisieren. Die Ingweressenz hinzugeben und blasenfrei untermixen.

8 Die fertige Ingwer-Ganache auf 32 °C abkühlen lassen und in einen Einwegspritzbeutel füllen.

FERTIGSTELLUNG

Die bereitstehenden Pralinenformen zu einem Drittel mit dem Ingwergelee füllen. Anschließend die Pralinenformen mit der Ingwer-Ganache bis circa 1 mm unter dem Rand füllen. Die Ganache über Nacht abgedeckt bei Zimmertemperatur auskristallisieren lassen.

Die Pralinen am Folgetag mit temperierter Vollmilchkuvertüre (44 %) verschließen, 30 Minuten ruhen lassen und dann aus den Formen befreien.

Essige

SCHOKOLADENSORBET MIT ROTEM FRUCHTESSIG

SCHOKOLADEN-MARSHMALLOW MIT BALSAMICO

SCHWARZER KNOBLAUCH

MANGO-MARACUJA-ESSIG

HIMBEER-MARSHMALLOW MIT HIMBEERESSIG

Essige

Als ich mit der Pralinenherstellung anfing, wurde mir von der Band meiner Cousine aus Spanien eine Praline mit Balsamicoessig mitgebracht. Das fand ich unglaublich – dieses Säurespiel in Verbindung mit der Süße der Schokolade. Das hat einfach funktioniert und war für mich im Grunde das ganz große Aha-Erlebnis.

Mir wurde klar, dass die Möglichkeiten von aromatischen Verbindungen viel größer sind, als ich damals angenommen hatte. Eben nicht immer nur mit Sahne oder Kaffee. Das war sehr prägend und diese Essig-Schokoladen-Liebe ist mir geblieben. Man kann hier ruhig mutig sein: Schwarzer-Knoblauch-Essig-Schokolade ist schon etwas ziemlich Feines.

Fass R-Nr.23
Heidelbeer
BALSAMICO
entschleunigte
CONDIMENT
8.45FL.OZ
WIBERG
since 1947
Aceto
Plus
Passionsfrucht
Essig-Fruchtzubereitung
MODENA ITALIA
Mazzetti
L'ORIGINALE
ACETO BALSAMICO
DI MODENA
I.G.P.
TINO
RUSTICO

Schokoladensorbet mit rotem Fruchtessig

Eis / vegan / alkoholfrei
●○○○○

ZUTATEN FÜR
ca. 700 g Sorbet

300 g Wasser
150 g Zucker
75 g Glukosesirup
100 g Kakaopulver
75 g Himbeer-Fruchtessig

Benötigte Utensilien:
Eismaschine

Haltbarkeit bei Tiefkühl-Lagerung:
ca. 1 Woche

ZUBEREITUNG:

1 Wasser, Zucker und Glukosesirup in einem Topf aufkochen, bis sich der Zucker komplett aufgelöst hat.

2 Den Zuckersirup von der Hitzequelle nehmen, Kakaopulver klümpchenfrei unterrühren und auskühlen lassen.

3 Kakaosirup mit dem Fruchtessig mischen und über Nacht im Kühlschrank ruhen lassen.

4 Die Schokoladensorbet-Masse in die Eismaschine geben und 50 Minuten zum Sorbet verarbeiten lassen.

Schokoladen-Marshmallow mit Balsamico

Marshmallow / alkoholfrei

●○○○○

ZUTATEN FÜR ca. 50 Stück

40 g Kakaopulver + etwas mehr für das Backpapier
14 g Blattgelatine
75 g Wasser
150 g Zucker
50 g Invertzucker
50 g Aceto balsamico
etwas Kakaopulver zum Bestäuben und Wälzen

Benötigte Utensilien:
quadratischer Backrahmen
Backpapier
Küchenmaschine mit Schneebesen
Infrarot-Thermometer
Sieb

Haltbarkeit bei Raumtemperatur, luftdicht gelagert:
ca. 4 Wochen

ZUBEREITUNG

1 Den Backrahmen auf Backpapier stellen und mit etwas Kakaopulver bestreuen.

2 Gelatineblätter in kaltem Wasser einweichen.

3 Wasser, Zucker, Invertzucker und 40 Gramm Kakaopulver zusammen in einem Topf aufkochen, bis sich der Zucker aufgelöst hat.

4 Den Sirup von der Hitzequelle nehmen und Aceto balsamico sowie die ausgedrückten Gelatineblätter einrühren.

5 Die heiße Masse sofort in die Küchenmaschine geben und 1 Minute bei langsamer Geschwindigkeit rühren.

6 Die Marshmallow-Masse bei hoher Geschwindigkeit aufschlagen, bis die Masse 32 °C erreicht hat.

7 Die Marshmallow-Masse sofort in den vorbereiteten Backrahmen streichen und mit Kakaopulver bedecken.

8 Die Marshmallow-Masse 2 Stunden ruhen lassen.

FERTIGSTELLUNG

Die Marshmallow-Masse vom Backrahmen befreien und in gleichmäßig große Würfel schneiden.

Die Marshmallows in Kakaopulver wälzen und in einer luftdichten Box aufbewahren.

Mein Handwerkstipp

Gelatine beginnt beim Abkühlen mit Erreichen von 29 °C zu gelieren. Die Masse wird fest. Daher sollte die Marshmallow-Masse immer bei 32 °C weiterverarbeitet werden.

Schwarzer Knoblauch

Pralinen / alkoholfrei

●●○○○

ZUTATEN FÜR 2 Pralinenformen à 24 Stück

Pralinenhülle:
dunkle Vollmilchkuvertüre (51 %)

Ganache:
180 g dunkle Vollmilchkuvertüre (51 %)
50 g Sahne (32 % Fettgehalt)
20 g Glukosesirup
15 g Invertzucker
15 g Butter
40 g Aceto balsamico mit schwarzem Knoblauch

Benötigte Utensilien:
Thermometer
Pürierstab
Einwegspritzbeutel

Haltbarkeit bei kühler Lagerung (12 bis 18 °C):
ca. 8–10 Wochen

ZUBEREITUNG

1 Pralinenformen vorbereiten (siehe Seite 161 f.).

2 Kuvertüre über dem Wasserbad bei 45–50 °C vorsichtig schmelzen, in einen Messbecher geben und bereitstellen.

3 Sahne zusammen mit den Zuckerarten und der Butter vorsichtig auf 40–45 °C erwärmen, bis die Butter geschmolzen ist.

4 Die warme Sahne zur geschmolzenen Kuvertüre geben und mit dem Pürierstab blasenfrei homogenisieren. Den Balsamico hinzugeben und blasenfrei untermixen.

5 Die fertige Balsamico-Ganache auf 32 °C abkühlen lassen und in einen Einwegspritzbeutel geben.

FERTIGSTELLUNG

Die vorbereiteten Pralinenformen mithilfe des Spritzbeutels bis 1 mm unter den Pralinenrand mit der Balsamico-Ganache füllen. Die Ganache über Nacht abgedeckt bei Zimmertemperatur auskristallisieren lassen.

Die Pralinen am Folgetag mit temperierter dunkler Vollmilchkuvertüre verschließen, 30 Minuten ruhen lassen und dann aus den Formen befreien.

Mein Handwerkstipp

Sollte Sie die wirklich leckere Kombination aus schwarzem Knoblauch und Schokolade abschrecken, ersetzen Sie diesen Balsamico durch einen fruchtigen Balsamico, wie Maracuja-, Zitrus-, Mango-Balsamico …

Mango-Maracuja-Essig

Pralinen / alkoholfrei

ZUTATEN FÜR
2 Pralinenformen à 24 Stück

Pralinenhülle:
dunkle Kuvertüre (70 %)

Ganache:
180 g weiße Kuvertüre (28 %)
50 g Mangopüree
20 g Glukosesirup
15 g Invertzucker
15 g Butter
40 g Maracuja-Balsamico
Marshmallow-Fluff

Benötigte Utensilien:
Pürierstab
Thermometer
2 Einwegspritzbeutel

Haltbarkeit bei kühler Lagerung (12 bis 18 °C):
ca. 8–10 Wochen

ZUBEREITUNG

1 Pralinenformen vorbereiten (siehe Seite 161 f.).

2 Feste Kuvertüre in einen Messbecher geben und bereitstellen.

3 Mangopüree zusammen mit den Zuckerarten und der Butter aufkochen und 1 Minute köcheln lassen.

4 Das heiße Mangopüree über die Kuvertüre geben, kurz anschmelzen lassen und mit dem Pürierstab blasenfrei homogenisieren.

5 Den Balsamico hinzugeben und blasenfrei untermixen.

6 Die fertige Balsamico-Ganache auf 32 °C abkühlen lassen und in einen Einwegspritzbeutel geben.

7 Marshmallow-Fluff in einen zweiten Einwegspritzbeutel füllen.

FERTIGSTELLUNG

Die vorbereiteten Pralinenformen zu einem Drittel mit dem Marshmallow-Fluff befüllen. Anschließend die Pralinen bis 1 mm unter den Pralinenrand mit der Balsamico-Ganache füllen. Die Ganache über Nacht abgedeckt bei Zimmertemperatur auskristallisieren lassen.

Die Pralinen am Folgetag mit temperierter dunkler Kuvertüre (70 %) verschließen, 30 Minuten ruhen lassen und dann aus den Formen befreien.

Mein Handwerkstipp

Für diese Praline können Sie alle Kuvertüre-Arten als Hülle verwenden, da die Kombination aus Mango und Maracuja sowohl zu weißer, Vollmilch- als auch zu dunkler Kuvertüre passt.

Himbeer-Marshmallow mit Himbeeressig

Marshmallow / alkoholfrei
●○○○○

ZUTATEN FÜR ca. 50 Stück

Schneezucker zum Bestäuben und Wälzen
20 g Blattgelatine
100 g Himbeerpüree
80 g Himbeeressig
300 g Zucker
100 g Dextrose
100 g Glukosesirup
10 g Zitronensäurepulver

Benötigte Utensilien:
quadratischer Backrahmen
Backpapier
Küchenmaschine mit Schneebesen
Infrarot-Thermometer
Sieb

Haltbarkeit bei Raumtemperatur, luftdicht gelagert:
ca. 4 Wochen

ZUBEREITUNG

1 Den Backrahmen auf Backpapier stellen und mit etwas Schneezucker bestäuben.

2 Gelatineblätter in kaltem Wasser einweichen.

3 Himbeerpüree, Himbeeressig, Zucker, Dextrose, Glukosesirup und Zitronensäure zusammen in einem Topf aufkochen, bis sich der Zucker aufgelöst hat.

4 Den Sirup von der Hitzequelle nehmen und die ausgedrückten Gelatineblätter einrühren.

5 Die heiße Masse sofort in die Küchenmaschine geben und 1 Minute bei langsamer Geschwindigkeit rühren.

6 Die Marshmallow-Masse bei hoher Geschwindigkeit aufschlagen, bis die Masse 32 °C erreicht hat.

7 Die Marshmallow-Masse sofort in den vorbereiteten Backrahmen streichen und mit Schneezucker bedecken.

8 Die Marshmallow-Masse 2 Stunden ruhen lassen.

FERTIGSTELLUNG

Die Marshmallow-Masse vom Backrahmen befreien und in gleichmäßig große Würfel schneiden.

Die Marshmallows in Schneezucker wälzen und in einer luftdichten Box aufbewahren.

Fermentation

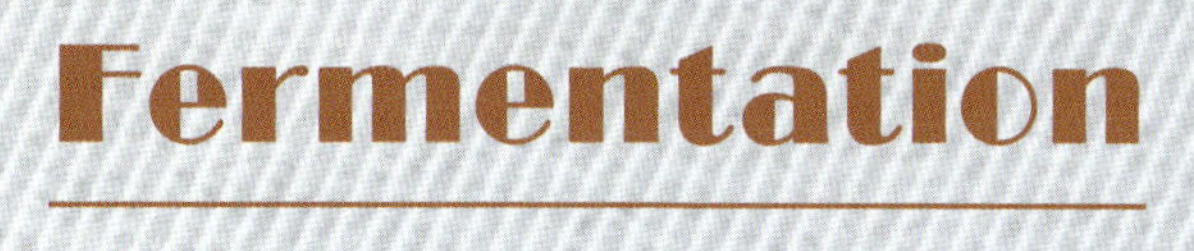

FRISCHE-HEFE-PRALINEN

GINGER BEER PÂTE DE FRUITS

HIMBEER-JOGHURT-SCHOKOLADE

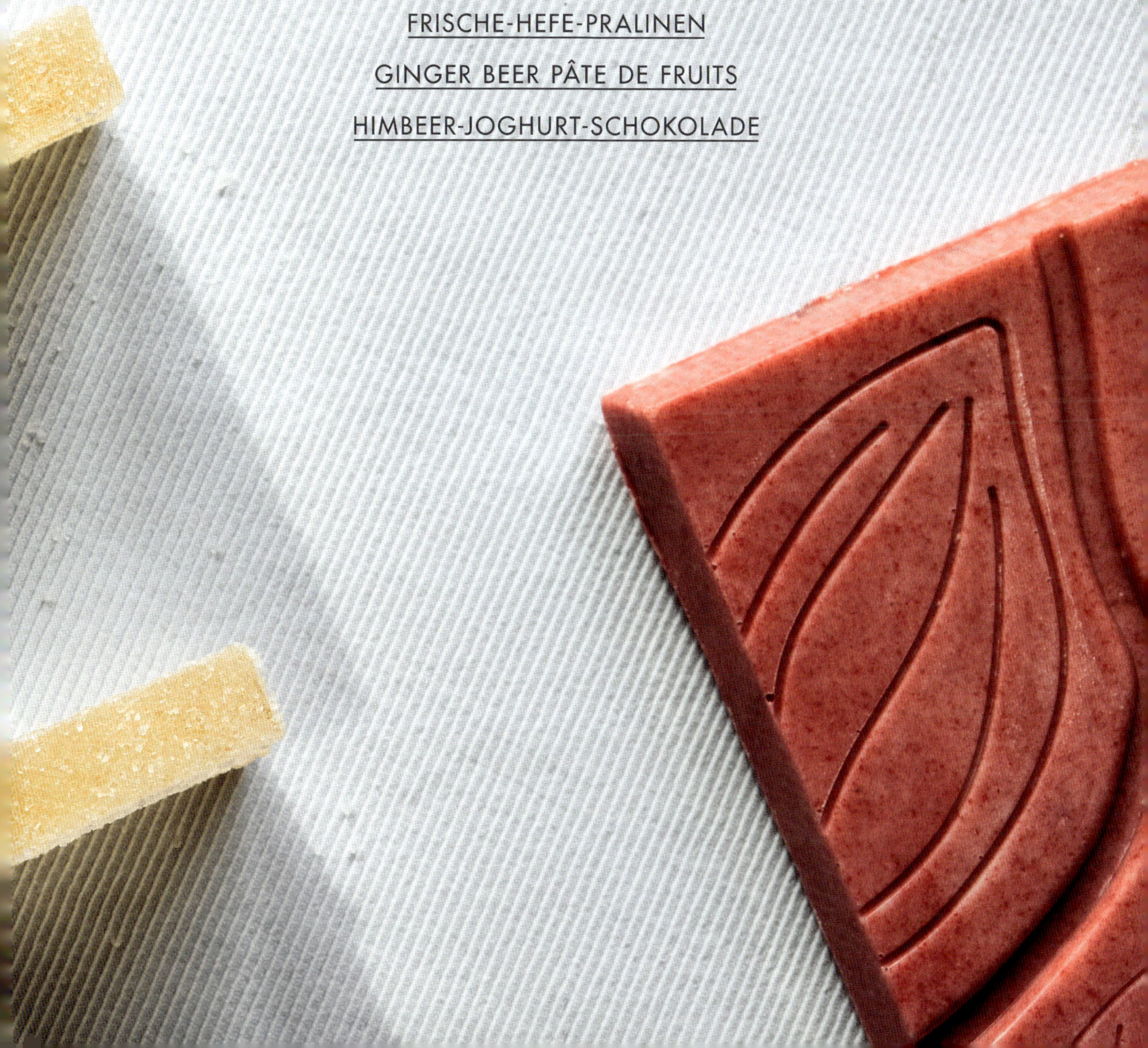

Fermentation

Ich wollte es ja so nicht schreiben, aber in Wirklichkeit ist das Kapitel nur da, weil ich endlich mal eine Hefepraline machen wollte. Seit ich nämlich ein Hefe-Parfait genossen habe, ging mir die Idee nicht mehr aus dem Kopf. Und nun endlich habe ich die Möglichkeit.

Dann kam ich aber auch noch auf Ginger Beer mit Kakaofruchtsaft, verbunden zu einem sensationell guten Schnittgelee. Das Ergebnis haben wir wirklich abgefeiert. Wenn man frischen Hefeteig mag, den Duft dieser Fermentation, dann wird man diese drei Varianten hier einfach lieben.

PREMIUM QUALITY
Ginger
BEER
ALCOHOL
6,7%
500ML

Frische-Hefe-Pralinen

Pralinen / alkoholfrei

ZUTATEN FÜR 2 Pralinenformen à 24 Stück

Pralinenhülle:
dunkle Kuvertüre (74 %)

Ganache:
½ Würfel frische Hefe, zerkrümelt
100 g Milch
180 g weiße Kuvertüre (28 %)
20 g Glukosesirup
15 g Invertzucker
15 g Butter

Benötigte Utensilien:
Thermometer
Pürierstab
Einwegspritzbeutel

Haltbarkeit bei kühler Lagerung (12 bis 18 °C):
ca. 2–3 Wochen

ZUBEREITUNG

1 Pralinenformen vorbereiten (siehe Seite 161 f.).

2 Die zerbröselte Hefe in die kalte Milch einrühren und abgedeckt 1 Stunde ziehen lassen.

3 Feste Kuvertüre in einen Messbecher geben und bereitstellen.

4 Die Hefemilch zusammen mit den Zuckerarten und der Butter kurz aufkochen.

5 Die heiße Hefemilch über die Kuvertüre geben, kurz anschmelzen lassen und mit dem Pürierstab blasenfrei homogenisieren.

6 Die fertige Hefe-Ganache auf 32 °C abkühlen lassen und in einen Einwegspritzbeutel geben.

FERTIGSTELLUNG

Die vorbereiteten Pralinenformen mithilfe des Spritzbeutels bis 1 mm unter den Pralinenrand mit der Hefe-Ganache füllen. Die Ganache über Nacht abgedeckt bei Zimmertemperatur auskristallisieren lassen.

Die Pralinen am Folgetag mit temperierter dunkler Kuvertüre (74 %) verschließen, 30 Minuten ruhen lassen und dann aus den Formen befreien.

Mein Genussmoment

Vor Jahren habe ich bei einem Mehr-Gänge-Menü ein köstliches Frische-Hefe-Sorbet genießen dürfen. Seitdem lässt mich der Gedanke, eine passende Praline zu kreieren, nicht mehr los. Schön, dass ich nun dieses Rezept mit Ihnen teilen darf.

Ginger Beer Pâte de Fruits

Pâte de Fruits / vegan / alkoholfrei
●●○○○

ZUTATEN FÜR ca. 100 Stück

200 g Zucker (I)
16 g Pectine Jaune
475 g Zucker (II)
40 g Dextrose
580 g Ginger Beer
8 g Zitronensäurelösung (Zitronensäure : Wasser im Verhältnis 1 : 1)
50 g gehackter, kandierter Ingwer
Feinzucker zum Bestreuen und Wälzen

Benötigte Utensilien:

Gießrahmen 30 × 30 cm (Innenmaß)
Backmatte oder Backpapier
Einstichthermometer
Löffelwaage
Schneebesen

Haltbarkeit bei kühler Lagerung (12 bis 18 °C):

ca. 16 Wochen

ZUBEREITUNG

1 Den Gießrahmen zusammensetzen und auf der Backmatte bereitstellen.

2 Zucker (I) mit Pectine Jaune vermischen und bereitstellen.

3 Zucker (II) und Dextrose miteinander vermischen und bereitstellen.

4 Ginger Beer in einen hohen Topf geben und erwärmen.

5 Die Zucker-Pektin-Mischung bei circa 40 °C mit dem Schneebesen klümpchenfrei einrühren und aufkochen lassen.

6 Die Hälfte der Zucker-Dextrose-Mischung in das kochende Fruchtpüree rühren, kurz aufkochen und dann die zweite Hälfte einrühren.

7 Das Ginger Beer auf 106 °C hochkochen, von der Hitzequelle nehmen. Zitronensäure sowie gehackten Ingwer einrühren.

8 Das Gelee sofort in den vorbereiteten Rahmen gießen.

9 Das Gelee etwas auskühlen lassen, die Oberfläche mit Zucker bestreuen und mindestens 2 Stunden fest werden lassen.

FERTIGSTELLUNG

Das fertige Pâte de Fruits vom Rahmen befreien, in 3 × 3 cm große Quadrate schneiden und in Zucker wälzen.

Die Ginger-Beer-Würfel auf einen Backofenrost über Nacht zum Trocknen legen und luftdicht aufbewahren.

Mein Genussmoment

Der perfekte Begleiter für chillige Sommerabende auf der Terrasse!

Himbeer-Joghurt-Schokolade

Schokolade / alkoholfrei

ZUTATEN FÜR ca. 10 Tafelschokoladen

Tafelschokolade:
50 g Himbeerpulver
50 g Joghurtpulver
100 g Kakaobutter
500 g weiße Kuvertüre (34 %), temperiert
gefriergetrocknete Himbeer-Crisps
gefriergetrockneter Joghurt-Crisps

Benötigte Utensilien:
Schokoladenformen
Pürierstab
Sieb

Haltbarkeit bei kühler Lagerung (12 bis 18 °C):
ca. 16 Wochen

ZUBEREITUNG

1 Schokoladenformen vorbereiten (siehe Seite 161 f., identisch zu den Pralinenformen).

2 Himbeer- und Joghurtpulver in eine Schüssel sieben.

3 Kakaobutter in die Schussel geben und alle Zutaten klümpchenfrei miteinander vermengen.

4 Kuvertüre über dem Wasserbad bei 45–50 °C vorsichtig schmelzen und nach Anleitung temperieren (siehe Seite 164).

5 Die temperierte weiße Kuvertüre hinzugeben und alle Zutaten mit dem Pürierstab gründlich vermengen.

FERTIGSTELLUNG

Tafelschokoladen-Formen mit jeweils 80 g weißer Himbeer-Joghurt-Kuvertüre füllen. Die Schokoladen sofort mit den Crisps dekorieren und die Tafeln leicht rütteln. Die Schokoladen circa 30 Minuten ruhen lassen, für 10 Minuten in die Kühlung geben, dann aus den Formen befreien und luftdicht lagern.

Mein Handwerkstipp

Wenn Sie keine Tafelschokoladen-Formen zur Hand haben, können Sie diese Schokolade auch gut als Bruchschokolade oder Schokoladentaler gestalten.

Das Pralinenhandwerk

Das benötigte Pralinenwerkzeug

Zum Temperieren von Kuvertüren

- Metallschüsseln und Töpfe
- Rührwerkzeug
- Teigkarte
- Geschirrhandtuch
- Thermometer: Einstichthermometer und/oder Infrarot-Thermometer

Zum Herstellen von Ganache und Nougat

- Schüsseln und Töpfe
- Rührwerkzeug
- Küchenwaage
- Löffelwaage
- Einstichthermometer und Infrarot-Thermometer
- Einwegspritzbeutel
- Pürierstab
- Messbecher
- Sieb
- Küchenmaschine mit Multizerkleinerer

Für handgegossene Pralinen und Schokoladen-tafeln

- Polycarbonatformen
- Watte
- Sprühflasche mit Alkohol (Isopropanol)
- flexibler Metallschaber
- Metallschaber mit Griff

Für Marshmallows

- Töpfe und Rührwerkzeug
- Küchenwaage
- Infrarot-Thermometer
- Küchenmaschine mit Rührwerkzeug
- Backmatte und Gießrahmen

Für Pâte de Fruits & Schnittkaramell

- Gießrahmen
- Backmatte
- Einstichthermometer
- Küchenwaage
- Löffelwaage
- scharfes Messer

Wichtige Handgriffe

Im Folgenden finden Sie Erklärungen der für mich wichtigsten handwerklichen Arbeitsschritte: Pralinenformen vorbereiten, temperieren, Karamell kochen und Gelee kochen. Fachbegriffe aus der Welt des Pralinenhandwerks finden Sie im anschließenden Glossar.

Pralinenformen vorbereiten

Um schön dünne, stabile und glänzende handgegossene Pralinen herzustellen, werden Polycarbonatformen verwendet, die es in den unterschiedlichsten Formen gibt. Auch wenn es so viele wunderschön filigrane Pralinenformen gibt, so habe ich mich in meiner Pralinenproduktion und für meine Pralinenschule auf einfache, eher schlichte geometrische Formen konzentriert. Für meine Formenauswahl ziehe ich folgende Aspekte heran:

- Wie schnell lassen sich die Pralinenformen reinigen und polieren? Wie gut und flexibel lassen sich die Pralinenformen schminken, d. h. mit Lebensmittelfarben optisch unterschiedlich gestalten?
- Wie einfach sind die Pralinenformen zu gießen?
- Wie gut lassen sich die fertigen Pralinen verpacken und verschicken?
- Wie ist das Mundgefühl, wenn die Praline im Ganzen in den Mund genommen wird?

Bevor die Polycarbonatformen verwendet werden können, müssen sie in zwei Schritten poliert werden, damit sämtliche Unreinheiten, wie Schlieren, getrocknete Wassertropfen u. a., von der Oberfläche entfernt sind und die Pralinen später hochglänzend sind.

1. Ausreiben der Mulden mit Watte und reinem Alkohol (Isopropanol) – etwas Alkohol auf einen Wattebausch sprühen und alle Mulden der Pralinenform damit auswischen.

2. Alle Mulden der Pralinenform mit einem frischen Wattebausch gründlich nachpolieren.

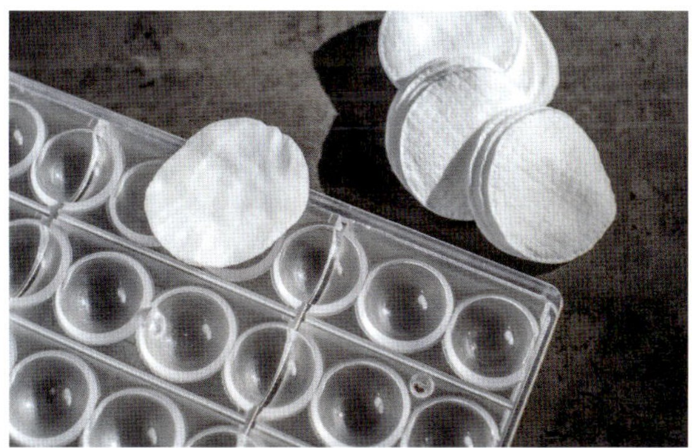

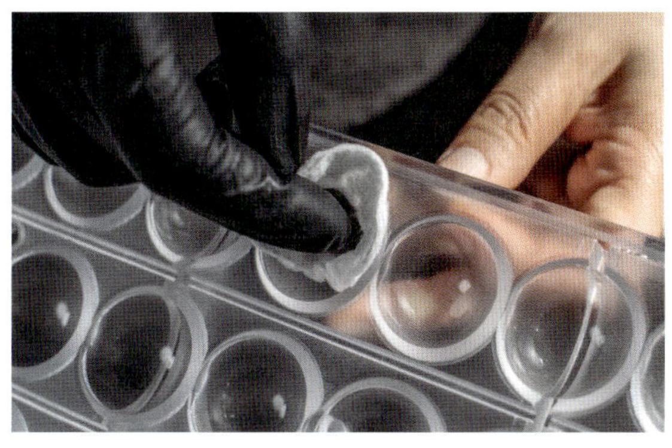

Handgegossene Pralinen können, bevor die Pralinenhülle aus temperierter Kuvertüre gegossen wird, farblich gestaltet – geschminkt – werden. Hierfür werden fettlösliche Lebensmittelfarben, die in Kakaobutter angerührt werden, verwendet. Die Lebensmittelfarben gibt es in Pulverform als reine Farben und als Metallicfarben in diversen Onlineshops. Nutzen Sie die unterschiedlichen Farben wie einen großen Tuschkasten und mischen Sie sich Ihre Lieblingsfarben selber an. Auf ca. 20 g geschmolzene Kakaobutter benötigen Sie ca. 1,5 g fettlösliche Lebensmittelfarbe, um ein schön deckendes Farbergebnis zu erhalten. Fertig gemischte Farben können Sie ebenfalls online erwerben.

Zum Schminken von Pralinen benötigen Sie:

- Kakaobutter
- fettlösliche Lebensmittelfarben
- Pinsel
- Einweghandschuhe
- Infrarot-Thermometer

Die farbige Kakaobutter sollte beim Schminken nicht wärmer als 32 °C sein.

Im Idealfall werden die Kakaobutterfarben temperiert, wie im Kapitel »Gelingsicheres Temperieren« (siehe Seite 164 f.) gezeigt. Zum Warmhalten Ihrer temperierten Farben können Sie ein Warmhaltebecken oder einen Fläschchenwärmer bei 32 °C verwenden.

Mein Handwerkstipp

Rezeptur zum Anmischen von Kakaobutterfarben:

- 20 g geschmolzene Kakaobutter
- 1,5 g fettlösliche Lebensmittelfarbe

Das Gießen von Pralinenformen

Zum Gießen von Pralinenformen benötigen Sie:

- polierte und geschminkte Pralinenformen
- temperierte Kuvertüre (siehe „Gelingsicheres Temperieren" Seite 164)
- eine Schöpfkelle
- einen flexiblen Spachtel zum Abstreifen überschüssiger Kuvertüre
- einen Spachtel mit Griff als Klopfwerkzeug
- ein leicht feuchtes Mikrofasertuch
- Backpapier

1. Die Pralinenform sicher mittig in der Hand halten.

2. Alle Mulden mithilfe einer Kelle mit Kuvertüre füllen und die überschüssige Kuvertüre von der Form-Oberseite und den Seiten mithilfe des flexiblen Spachtels abstreifen. Luftbläschen in der Kuvertüre leicht rausklopfen.

3. Pralinenform umdrehen, sicher mittig in der Hand halten und überschüssige Kuvertüre rausklopfen, um eine schön dünne Pralinenhülle zu erzeugen. Überschüssige Kuvertüre von der Form-Oberseite abstreifen.

4. Die Pralinenform auf der Arbeitsplatte absetzen und die Oberseite der Pralinenform mit dem flexiblen Spachtel glatt abziehen.

5. Die Ränder der Pralinenform mit dem feuchten Mikrofasertuch reinigen. Die Pralinenform mit den Öffnungen nach unten auf das Backpapier setzen, 3 Minuten ruhen lassen, bis die Kuvertüre am Rand der Pralinen anfängt seidig matt zu glänzen. Die Form umdrehen und die Kuvertüre aushärten lassen.

Hinweis:
Es gibt viele Wege, wie man Pralinenformen polieren und gießen kann. Hier zeige ich meine Art des Gießens von Pralinen. Gewöhnt man es sich an, die Form sauber zu halten, so kann man die Form vier- bis fünfmal ohne sofortige Reinigung und aufwendiges Polieren weiterverwenden.

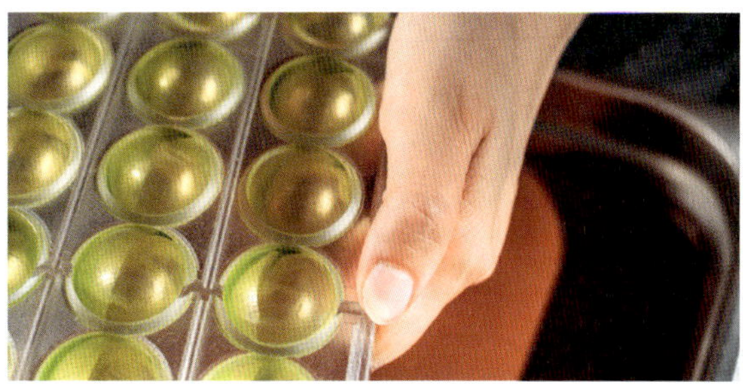

Gelingsicheres Temperieren

Warum temperieren?

Um geschmolzene Kuvertüre verarbeiten zu können, muss diese temperiert werden. Dies bedeutet, dass durch eine bestimmte Behandlung der flüssigen Kuvertüre diese wieder eine stabile und gleichmäßige Struktur mit ausreichend Beta-5-Kristallen erhält.

Was passiert, wenn die geschmolzene Kuvertüre nicht temperiert wird?

- Es dauert sehr lange, bis die Kuvertüre auskristallisiert, das heißt aushärtet.
- Die fest gewordene Kuvertüre ist grau und stumpf, hat eine sandige oder krisselige Struktur und schmilzt beim Genuss so schnell wie Eiskonfekt. Der Geschmack der Kuvertüre ist zwar vorhanden, aber flüchtig. Es bleibt kein Nachklang.
- Handgegossene Pralinen und Tafelschokoladen bilden kein Schrumpfverhalten und lösen sich nicht aus den Polycarbonatformen.

Richtig temperierte Kuvertüre mit einer stabilen und gleichmäßigen Kristallstruktur mit ausreichend Beta-5-Kristallen …

- wird innerhalb von 3 bis 5 Minuten fest,
- hat eine seidenmatt-glänzende Oberfläche,
- knackt beim Brechen mit einer glatten, gleichmäßigen Bruchkante,
- Der Geschmack der Schokolade ist nicht flüchtig. Die Schokolade schmilzt langsam und gleichmäßig beim Genuss und es bleibt ein Nachgeschmack beziehungsweise Nachklang.
- Die temperierte Kuvertüre hat ein gutes Schrumpfverhalten und handgegossene Pralinen lösen sich nach dem Auskristallisieren der Pralinen aus den Polycarbonatformen.

Es gibt mehrere Arten des Temperierens, zum Beispiel die Impf- und die Tabliermethode. Die hier beschriebene Methode ist gelingsicher und sowohl für Anfänger, Fortgeschrittene als auch Profis geeignet. Sie ist rohstoffsparend, da nur circa 10 bis 15 Prozent feste Kuvertüre eingeimpft werden muss – abhängig der Starttemperatur. Diese Methode löst die gängige Impfmethode langsam in den Pralinenküchen ab.

Gelingsicheres Temperieren, am Beispiel einer 500-Gramm-Kuvertüre:

1. Die Kuvertüre bei 45–50 °C schmelzen, dann von der Wärmequelle nehmen. Eventuell auftretender Wasserdampf an der Schüssel muss abgetrocknet werden.

2. ½ Handvoll – circa 20 g – feste Kuvertüre in die flüssige Kuvertüre geben und kurz unterrühren.

3. Die feste Kuvertüre mit wenig Umrühren schmelzen lassen.

4. Die Temperatur der flüssigen Kuvertüre überprüfen.

5. Die Schritte 2 bis 4 so lange wiederholen, bis die Kuvertüre 34 °C erreicht hat. Bei 34 °C sollten fast alle festen Kuvertürestückchen aufgeschmolzen sein.

6. Die Kuvertüre auf Verarbeitungstemperatur abkühlen lassen:

Dunkle Kuvertüre:	32–33 °C
Vollmilchkuvertüre:	31–32 °C
Weiße Kuvertüre:	29–30 °C

Übrig gebliebene Stückchen kurz mit dem Pürierstab untermixen und damit entfernen.

7. Die 3-Minuten-Probe durchführen: die Spitze einer Teigkarte, eines Messers oder ein Stück Backpapier in die temperierte Kuvertüre tauchen und auf die Arbeitsoberfläche legen. Innerhalb von 3–5 Minuten sollte die Kuvertüre eine seidenmatte und feste Oberfläche bilden.

Wird die Kuvertüre nicht innerhalb von 3–5, sondern erst nach 6 Minuten fest, so ist die Kuvertüre eventuell noch etwas zu warm oder sie hat zu wenig Kristalle ausgebildet. In diesem Fall noch etwas feste Kuvertüre in die flüssige Kuvertüre geben, unterrühren und mit dem Pürierstab kurz pürieren.

Bitte beachten:
Reibung erzeugt Hitze. Wird die Kuvertüre zu lange püriert, erhöht sich die Temperatur pro Minute um circa 1 °C und die erzeugte Kristallstruktur kann wieder zerstört werden.

Tipp 1:
Die Kuvertüre soll schön flüssig sein, damit man die Pralinenkörper mit der Kuvertüre überziehen oder sie um dünne Pralinenhüllen gießen kann. Mit einem Heißluftfön kann die temperierte Kuvertüre immer wieder sehr vorsichtig auf Verarbeitungstemperatur erwärmt werden, sobald sie zu dickflüssig wird.

Alternativ schmilzt man eine kleine Menge Kuvertüre, gibt diese portionsweise direkt in die temperierte Kuvertüre und verrührt diese gründlich.

Tipp 2:
Ich empfehle, nicht weniger als 500 g Kuvertüre zu temperieren. Bei kleineren Mengen ist die Gelingsicherheit des Temperierens nicht gewährleistet. Nicht benötigte temperierte Kuvertüre können Sie auf ein Backpapier ausstreichen, fest werden lassen und für den nächsten Temperierprozess verwenden. Diese bereits verwendete Kuvertüre wird dann eingeschmolzen und mit frischer Kuvertüre geimpft.

Karamell gelingsicher kochen

Es gibt mehrere Wege, Karamell zu kochen. Hier beschreibe ich die Variante, die ich in meiner Pralinenküche vorzugsweise nutze. Für das Kochen eines Karamells benötigen Sie:

- Stielkasserolle, zum Erhitzen der zugesetzten Flüssigkeit (Sahne oder Fruchtpüree)
- Kochtopf mit hohem Rand
- hitzebeständigen Kochlöffel mit langem Stiel
- Borstenpinsel und Tasse mit etwas Wasser
- Küchenwaage
- große Schüssel
- Pürierstab

Für das Kochen des Karamells werden zunächst alle Zutaten abgewogen und bereitgestellt:

- Die Sahne beziehungsweise das Fruchtgelee in der Stielkasserolle abwiegen, erhitzen und heiß bereitstellen.

- In den Kochtopf mit hohem Rand Zucker, Glukosesirup und etwas Wasser geben und aufkochen.

- Den Topfrand von eventuell vorhandenen Zuckerkörnern mit einem nassen Borstenpinsel befreien.

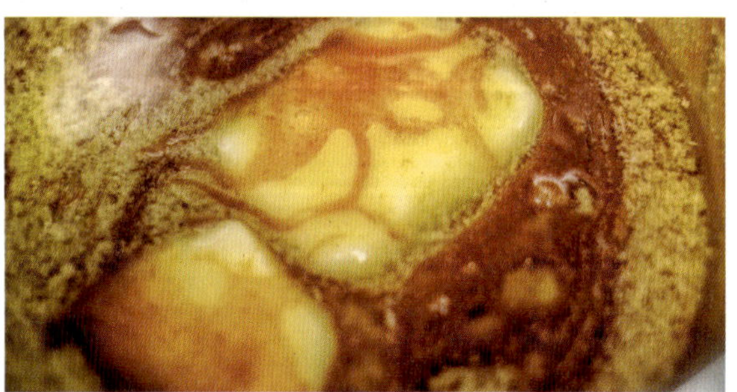

- Die entstandene Zuckerlösung so lange kochen lassen, bis kein Wasser mehr enthalten ist. Es ist dann kein Wasserdampf mehr zu sehen.

- Das Karamell bernsteinfarben karamellisieren lassen, von der Hitzequelle nehmen und die heiße Flüssigkeit portionsweise einrühren.

- Bei Karamell ohne Kuvertüre die Butter nach und nach mit dem Pürierstab einarbeiten und so eine glatte Emulsion erzeugen.

- Bei Karamell mit Kuvertüre das Karamell etwas abkühlen lassen, über die feste Kuvertüre gießen und mit dem Pürierstab eine glatte Emulsion herstellen.

Hinweise:

- Während des Kochvorgangs das entstehende Karamell nicht umrühren.

- Karamell niemals in einer Pfanne kochen. Wird die heiße Flüssigkeit auf das heiße Karamell gegossen, verdampft ein kleiner Teil der Flüssigkeit sofort und das Karamell schäumt auf. Durch die Verwendung eines Topfes mit hohem Rand wird die Verletzungsgefahr reduziert.

- Töpfe, in denen Karamell gekocht wurde, lassen sich am einfachsten mit kaltem Wasser reinigen. Hierzu kaltes Wasser in den Topf füllen und stehen lassen. Der Zucker löst sich im Wasser, ein Schrubben des Topfes (egal, wie verbrannt er ist) ist nicht notwendig.

Fruchtgelees

Fruchtgelees können zusammen mit einer Ganache in einer zweischichtigen Praline oder als pure Pralinenfüllung verwendet werden. Für das Kochen von Gelees benötigen Sie:

- Kochtopf mit hohem Rand
- Schneebesen
- Küchenwaage
- Löffelwaage
- digitales Einstichthermometer

Der Ablauf des Gelee-Kochens ist dabei immer gleich: Für das Fruchtpüree alle Zutaten wie folgt bereitstellen:

1. Pektin mit Zucker (I) vermengen.

2. Zucker (II) und Glukosesirup zusammen in eine Schüssel abwiegen.

3. Zitronensäurelösung mit einer Löffelwaage abwiegen und bereitstellen.

4. Das Fruchtpüree in einen Topf geben.

Dann wie folgt weiterverfahren:

1. Das Fruchtpüree leicht erwärmen und die Pektin-Zucker-Mischung mit einem Schneebesen vorsichtig unterrühren.

2. Das Fruchtpüree aufkochen, die Zucker-Glukosesirup-Mischung in drei Portionen hinzugeben, unterrühren und aufkochen lassen.

3. Das Fruchtpüree auf 106 °C aufkochen, von der Hitzequelle nehmen und die Zitronensäurelösung unterrühren.

4. Gelee in eine Schüssel geben und abkühlen lassen. Hierbei das Gelee gelegentlich umrühren.

5. Das abgekühlte Gelee durch ein Sieb streichen, um ein spritzfähiges Gelee zu erhalten.

Hinweis:

Wird das Gelee nicht auf 106 °C erhitzt, kann das Pektin nicht reagieren und es ist nicht garantiert, dass das Fruchtpüree geliert.

Nützliche Bezugsquellen

Chokumi
Zutaten und Werkzeuge für die Pralinenherstellung
https://www.chokumi.de

Pralinenideen
Zutaten und Werkzeuge für die Pralinenherstellung
https://pralinenideen.de

Backshop 24
Zutaten und Werkzeuge für die Pralinenherstellung
https://www.backshop24.de

Bos Food
Spezialzutaten und Gewürze
https://www.bosfood.de

Tastillery
Spirituosen mit und ohne Alkohol
https://tastillery.com

Auskristallisieren:
Aushärten von Kuvertüre.

Deckeln:
Verschließen von handgegossenen Pralinen mit einer Schicht temperierter Kuvertüre.

Emulsion:
Vermengung von Fetten und Wasser, hier Kuvertüre und Sahne beziehungsweise Wasser und Fruchtpüree.

Ganache:
Bezeichnung der Pralinenfüllung, bestehend aus Kuvertüre und Sahne.

Homogenisieren:
Gleichmäßiges Verbinden von Fetten und Flüssigkeiten, hier Kuvertüre und Sahne beziehungsweise Wasser und Fruchtpüree zu einer glatten Masse.

Invertzucker/Glukosesirup/Dextrose/Sorbitol:
Zuckerarten mit unterschiedlichem Süßungsgrad zur Haltbarmachung von Ganachen sowie Verhinderung von Auskristallisieren des Zuckers der Kuvertüre in säurehaltigen Pralinen oder des Karamells während der Lagerung.

Kuvertüre (dunkle Kuvertüre):
Bestehend aus Kakaomasse, Zucker und Kakaobutter (dunkle Kuvertüre) sowie Lezithin und Vanille. Eine Zugabe von Fremdfetten ist nicht erlaubt.

Matcha:
Gemahlener grüner Tee.

Nougat:
Geröstete Nüsse oder Kerne, fein vermahlen, vermengt mit geschmolzener Kuvertüre.

Pectine Jaune:
Veganes Geliermittel.

Praliné:
Karamellisierte Nüsse oder Kerne, fein vermahlen, vermengt mit geschmolzener Kuvertüre.

Schminken:
Farbliche Gestaltung von Pralinen mit farbiger Kakaobutter.

Schokolade (dunkle Schokolade):
Bestehend aus Kakaomasse, Zucker und Kakaobutter (dunkle Kuvertüre), Lezithin und Vanille sowie maximal 5 Prozent Fremdfetten, zum Beispiel Pflanzenfett.

Temperieren:
Temperieren, auch Vorkristallisieren genannt, ist die Behandlung von geschmolzener Kuvertüre, um handwerklich beste Pralinen mit einer knackigen Hülle, einem guten Schmelz und einer feinen Optik herstellen zu können.

Weinsäure/Zitronensäure:
Säuerungsmittel zur Herstellung von Fruchtgelees.

Register

Danksagung

Ein großes Dankeschön an Vivi D'Angelo für die großartigen Fotos und die sehr entspannte Zusammenarbeit.

Danke schön an Antonia Wien für deine Unterstützung, den Austausch und die wunderbaren Formulierungen. Es war mir eine große Freude, mein zweites Buch ebenfalls mit dir realisieren zu dürfen.

Danke an The Chefs' Stories für die Realisierung dieses Buchprojekts.

Vielen Dank an den Südwest Verlag, dass ich mein zweites Buch ebenfalls mit euch umsetzen konnte.

Danke an meine Geschäftspartner und Kunden für die langjährige Zusammenarbeit, die mich kreativ weiterdenken und kreativer arbeiten lässt.

Danke an mein Chokumi-Team (Christine Starrost, Jasmin Zander, Evelyn Brugués und Ronja Scholz) fürs Rückenfreihalten während der Schreibphase.

Danke an meine Mitarbeiterin Christine Starrost für die schönen Pralinendesigns auf den Seiten 110, 113 und 118.

Danke an Svenja Fröhling für die Tasting-Grafik auf Seite 14.

Danke an Lars-Oliver Eble fürs »Aushalten« während der Schreibzeiten.

Herzlichen Dank für die inspirierenden Vorworte von Christian Bau, Alexandre Bourdeaux und Ewald Notter.

Und last but not least, vielen lieben Dank Ihnen, liebe Leser:innen, für Ihr Vertrauen in meine Rezepte, mein Handwerk und für Ihre Neugierde und Freude an vielen schönen Momenten mit meiner Aromenwelt.

COFFEE ORIGINAL
CONDIMENT

Nele Marike Eble
GEPRÜFTE
SOMMELIÈRE

Vitae

Die Autorin

Nele Marike Eble, Jahrgang 1980, ist eine Quereinsteigerin. Bis sie im Spätsommer 2011 die Pralinenherstellung für sich entdeckte, befasste sich die ausgebildete Technikerin für Informatik mit komplexen IT-Konzepten. Mit den ersten feinen Kreationen aber war es um sie geschehen und mit ihrem Streben nach Perfektion, ihrer Beharrlichkeit und unbändigen Leidenschaft für Schokolade schlug sie einen völlig neuen Weg ein. Ihre Karriere als Selfmade-Chocolatière begann mit dem gut besuchten Blog »Pralinenwahnsinn« und entwickelte sich vier Jahre später zu einer hochprofessionellen Pralinenschule. Sehr schnell wurden ihre umfangreichen Kenntnisse von Spitzengastronomen und Kollegen geschätzt und in Anspruch genommen. Heute ist Nele nicht nur Inhaberin der beliebten Unternehmenswelt von Chokumi, sie ist ebenfalls eine der ersten zertifizierten Schokoladen-Sommelières Deutschlands. Eine Ehre und Auszeichnung, die nur nach erfolgreich bestandener Fortbildung von der Akademie Deutsches Bäckerhandwerk Weinheim e. V. (Bundesakademie aller Bäckerverbände) in Kooperation mit den Schokoladenexperten von Barry Callebaut verliehen wird. Nele Marike Eble lebt und arbeitet in Braunschweig und ist im Dienst der Praline auch deutschlandweit unterwegs.

Antonia Wien, geboren 1976, ist als Tochter einer Restaurantkritikerin mit dem Thema Food aufgewachsen. Die studierte Literatur- und Musikwissenschaftlerin ist immer auf der Suche nach dem perfekten Genuss, kocht selber leidenschaftlich gerne, liebt gutes Essen und schreibt seit über 20 Jahren darüber. Sieben Jahre hat sie als Verlegerin einen eigenen Restaurantführer für Hamburg herausgebracht (Hamburg Genießen von 7 bis 7), schreibt seit 1998 als freie Food-Journalistin und Autorin Kolumnen, Restaurantkritiken und Reiseberichte, seit 2016 regelmäßig für DER FEINSCHMECKER, FOODIE oder GOURMET TRAVELLER. Sie lebt und arbeitet südlich von Hamburg.

Impressum

1. Auflage 2023

Hinweis
Die Ratschläge/Informationen in diesem Buch sind von Autorinnen und Verlag sorgfältig erwogen und geprüft, dennoch kann eine Garantie nicht übernommen werden. Eine Haftung der Autorinnen bzw. des Verlags und seiner Beauftragten für Personen-, Sach- und Vermögensschäden ist ausgeschlossen.

Bildnachweis
Fotos: Alle Bilder stammen von Vivi D'Angelo www.vividangelo.com

Außer: Seite 10 (Pieter d' Hoop), Seite 14 (Svenja Fröhling), Seite 150 (shutterstock/picutre-pixx), Seite 151 (shutterstock/Pixelshot), Seiten 160-166 (Ydo Sol), Seite 167 (shutterstock/Gulsina)

Projektleitung: Eva Wagner
Co-Autorin und Koordination: Antonia Wien, www.antoniawien.de
Projektinitiative: Lars Ammer, The Chefs' Stories GmbH, Hamburg
Cover, Layout, DTP, Satz: Oh, Ja! München
Reproduktion: Mohn Media Mohndruck GmbH, Gütersloh
Lektorat: Susanne Schneider
Korrektorat: Barbara Kohl
Druck und Bindung: Mohn Media Mohndruck GmbH, Gütersloh
Printed in Germany

Penguin Random House Verlagsgruppe FSC® N001967

ISBN 978-3-517-10233-7
www.suedwest-verlag.de